引领与实践

再担保机构经营管理实务

北京中小企业融资再担保有限公司 编著

新 华 出 版 社

图书在版编目（CIP）数据

引领与实践：再担保机构经营管理实务 / 北京中小企业融资再担保有限公司编著 . ——北京：新华出版社，2024. 8.
ISBN 978-7-5166-7496-3

Ⅰ . F832.4

中国国家版本馆 CIP 数据核字第 20247T4N84 号

引领与实践：再担保机构经营管理实务
编著：北京中小企业融资再担保有限公司
出版发行：新华出版社有限责任公司
（北京市石景山区京原路 8 号　邮编：100040）
印刷：天津鸿彬印刷有限公司

成品尺寸：185mm × 260mm　1/16　　**印张**：17.5　　**字数**：200 千字
版次：2025 年 1 月第 1 版　　**印次**：2025 年 1 月第 1 次印刷
书号：ISBN 978-7-5166-7496-3　　**定价**：88.00 元

微店

视频号小店

抖店

京东旗舰店

扫码添加专属客服

微信公众号

喜马拉雅

小红书

淘宝旗舰店

序言

秦恺[①]

鲁迅先生曾经说过:“其实地上本没有路，走的人多了，也便成了路。”北京中小企业融资再担保有限公司（下称“北京再担保公司”）作为我国再担保事业的开拓者之一，有幸直接参与了这一既具有重要社会意义又富有挑战性的开创性工作，历经十五年的艰辛探索与实践，逐步形成了既符合行业通行惯例又体现中国特色和地域特点的再担保业务发展模式，为摸索出一条以市场化运作方式充分发挥再担保公共财政政策作用的普惠金融之路积累了宝贵经验，也为我国再担保业的建立与发展贡献了智慧和方案。北京再担保公司所倡导的“增信、分险、规范、引领”经营理念，开创的以分险业务为基础、通过“搭平台、建机制”方式引导担保机构扩大政策性担保业务覆盖面的运营模式，已得到业内普遍认可与广泛应用。把多年再担保业务实践与经验体会做一梳理，系统性归纳提炼成书，不仅是北京再担保公司对自己十五年来工作的总结，也希望能为行业提供有益的借鉴，这是我们编撰此书的初衷。

在 2008 年专业再担保机构出现之前，我国中小企业融资担保机制已经存在了十多年，其在缓解以民营经济为主的中小微企业融资难瓶颈、促进中小微企业发展方面发挥了积极作用。随着中小微企业融资需要的

---

① 作者为北京信用担保业协会原会长、北京中小企业融资再担保有限公司原董事长。

快速增长，中小企业对融资担保的需求也在不断扩大。而在当时历史条件下，担保机构担保本金与自身信用能力限制了其业务规模的进一步增长，亟须借助外部增信手段提升担保能力；另外，“2008 年金融危机”以及伴随担保业务规模扩大所引发的担保代偿增加，也迫切需要为担保机构建立一个有效分散风险的长效机制，以保持政策性担保资源供给的可持续性。虽然此前一些地区和机构尝试过政策性或商业性分散风险模式，但因各种条件所限，并没有形成稳定有效的分险机制。因此，设立专业再担保机构，为担保机构的政策性担保业务提供持续有效的分险服务，制度化推动我国中小企业融资担保体系的进一步完善，则成为当时政策与市场的必然选择。

再担保机构的政策定位明确了，现实市场需求也具备了，但如何形成有效的业务模式与运行机制，使其在不偏离设立初衷的同时，能够及时顺应形势变化需要，按照市场化运作方式保持良性运营、可持续发展，是摆在第一代再担保人面前一道必须攻克的课题。从设立至今，北京再担保公司主要做了以下几项重点工作：第一，以政府政策和市场需求为导向，厘清市场各相关主体权利和义务关系，有针对性地设计再担保业务产品，搭建多方共赢的业务服务平台，真正发挥再担保机制调动担保与金融机构从事中小微企业融资服务积极性的作用；第二，围绕业务产品，制定一整套业务操作规程与制度规范，并根据内外部环境变化不断加以调整完善，用以指导再担保业务的开展，从业务层面上平衡好业务开拓与风险管理之间的关系；第三，按照“政策性引导、市场化运作、企业化管理”的基本原则并结合再担保业务实际，构建符合再担保业务特点的组织架构与管理制度，从管理层面上平衡好再担保政策性与可持续性之间的关系，使其在促进业务高效运行与良性发展过程中真正发挥作用；第四，努力培育打造既有业务实践经验又具备一定研究能力的学习型组织，从实践中总结经验、寻找规律，从学习中汲取养分、指导实践，始终把握好政策、市场、行业与自身发展的大方向；第五，站在相互学习借鉴、促进行业共同进步的高度，毫无保留地与同行分享实践经验与研究成果，主动为行业健康发展和体系建设完善承担社会责任；第六，紧跟时代脚步，运用现代信息技术手段，积极主动地推动公司业务与管理向数字化与智能化方向转型，进一步提高精细化管理水平，为汇聚新质生产力动能、促进公司向更高质量发展创造有利条件。

今天，北京再担保公司把十五年来的主要工作实践汇编成书，呈献给广大读者，既是对自己多年工作的全面回顾总结，又能为行业提供可借鉴的经验，具有很重要的参考价值。本书共分为我国担保业发展历程与未来展望、再担保业务操作实务和经营管理实践与探索三个部分，每个部分内容十分丰富，涵盖了再担保内部业务操作、经营管理各个方面，可以说是我国有专业再担保机构以来首部较为全面论述再担保业务与经营管理的专业书。在我国担保业发展历程与未来展望部分中，对我国担保行业三十年演进过程进行了全面回顾并对发展前景做了展望，便于读者对融资担保行业的整体发展有全面的了解。在再担保业务操作实务部分中，从再担保业务管理、合作担保机构管理、与国家融资担保基金的再担保业务合作以及再担保业务风险管理多个层面详细介绍了再担保业务的全貌，尤其是在产品分类、审核流程与要点、担保机构的评价、再担保业务风险管理体系、法律合同文本以及再担保业务数字化建设等方面，展现了北京再担保公司独到的见解与实践体会。在经营管理实践与探索部分中，从法律合规管理、财务管理、股权纽带建设与数字化转型几个方面入手，将以往行业重点关注的有效制衡、激励约束机制等管理内容赋予了新的理解，特别是对数字化转型给再担保机构经营管理带来的深刻变革的论述，值得读者认真思考。

我们认为，各地区、各机构不可能完全照搬同一个模式去解决各自所面临的问题，更何况我国幅员广阔，各地区在经济环境、市场环境、金融环境与政策环境等方面也存在一些差异，因此他山之石可以攻玉，从中汲取有用的经验，并结合本区域、本部门的具体实际加以改进和提高，这也是我们组织编撰此书的主要目的。我们深知，作为一个新兴行业，对再担保规律性的认识与掌握，尚有许多未知领域需要进一步探索和实践，为此，真诚地欢迎广大读者，特别是业内同行提出宝贵的建议和意见，以便共同推动我国再担保事业向更高水平发展。

2024 年 3 月

目录

CONTENTS

序篇 行业发展情况

上篇 再担保业务操作实务

序 篇

行业发展情况

我国担保业发展历程与未来展望

秦恺

担保业在我国已经有三十年的历史。对行业起源与发展历程进行回顾与总结，不仅有利于客观地评价这一行业的历史地位与作用，也有利于从其成长轨迹与发展模式中汲取经验，为在新的历史时期更好地推动行业持续、稳定与健康发展探索可行的路径。

一、我国担保业的起源背景

担保业在我国的兴起是呼应经济体制改革的必然要求。1992 年，党的十四大确立了我国经济体制改革的目标是建立社会主义市场经济体制，提出要使市场在社会主义国家宏观调控下对资源配置起基础性作用。随着改革的不断深入，我国银行业金融机构改变了原有计划经济体制下行政指令性的借贷方式，逐步建立了以企业信用为基础的现代信贷审核审批制度，企业的信用能力与偿债能力成为获取信贷资金与否的重要评判标准与关键要素。如果信用能力不足、偿债能力有限，借助担保外部增信则成为企业获取信贷资金支持的重要手段之一。

同时，担保也是解决转轨时期经济社会发展矛盾的必要手段。在我国社会主义市场经济体制改革大潮中，对于一些跟不上改革步伐、长期处于亏损状态的国有企业，不得不采取关停并转的方式退出市场。如何解决这部分企业职工的下岗再就业问题则成为政府的工作重点，其中鼓励发展民营经济、吸收更多劳动力就业与再就业成为重要抓手。然而，发展民营经济的主要障碍之一是融资。当时环境下民营企业的不成熟与社会上对其认识的偏差，导致其很难在银行建立信用，信贷融资举步维艰，融资难、融资贵的矛盾十分突出，亟待制定与实施相关政策措施予以解决。因此，政府建立担保机制，以市场化方式解决民营企业融资难这一市场失灵问题恰逢其时。

二、我国担保业的发展历程

从我国担保业发展的历史脉络看，大致经历了启蒙、起步发展、快速发展、行业规治与波动前行以及回归本源与体系再造五个阶段。

（一）启蒙阶段（1993—1999）

为解决部分国有企业在银行借款“拨改贷”转轨时期的融资问题，1993年，经国务院批准，由原国家经贸委和财政部发起、中国人民银行审批核准，设立了中国经济技术投资担保有限公司（现名为“中国投融资担保股份有限公司”，下称“中投保”），标志着我国专业担保机构的诞生。中投保的设立为部分国有企业和国有新建项目获取银行信贷资金的支持提供了担保。之后几年，中投保又先后与北京市和上海市财政部门合作，以受托管理运营地方财政担保资金的方式分别在北京市和上海市设立了分支机构，即中投保北京分公司（北京首创融资担保有限公司前身）（下称“首创担保”）以及中投保上海分公司（上海市小微企业融资担保基金前身），为辖内的中小企业融资提供担保服务。应该讲，中投保作为行业启蒙者，为我国信用担保业的创立与运营、为行业的规范化发展与人才培养做出了重要贡献。在此期间，以支持科技型中小企业融资为主的深圳市高新投融资担保有限公司（下称“深圳高新投”）也设立运营。

（二）起步发展阶段（1999—2003）

为顺应经济体制改革与经济社会发展需要，原国家经贸委于 1998 年 7 月成立中小企业司，专门负责扶持中小企业发展相关政策的制定与实施。1999 年 6 月 14 日，原国家经贸委下发了《关于建立中小企业信用担保体系试点的指导意见》（国经贸中小企业〔1999〕540 号）（下称“540 号文”），由此以解决中小企业融资难为目标的全国中小企业信用担保体系建设试点工作正式拉开序幕，也标志着全国范围内的中小企业信用担保业在我国正式出现。这一阶段的主要成效有三个方面。

1. 出台指导意见，在全国范围内建立试点机构

540 号文明确了信用担保是为中小企业融资提供服务的政策性业务定位，提出了以各级政府部门出资设立的政策性担保机构为主、以民营资本出资设立的商业性担保机构和商户出资设立的互助性担保机构为辅的“一体两翼”担保体系架构，并提出了设立省级和中央级再担保机构的构想。同时，540 号文还对担保机构的设立、运行与管理做出了具体的规范要求。客观地讲，540 号文是在借鉴国外中小企业信用担保成功经验的基础上，结合我国具体实际制定的一部既符合当时形势需要又具有一定前瞻性的行业纲领性文件，时至今日依然具有重要的指导意义。

540 号文下发后，在国家中小企业主管部门的指导下，担保试点工作在江苏、山西、安徽、深圳和长春等地陆续展开。2001 年，公布了全国第一批 103 家担保机构试点单位名单，包括现在仍然活跃在担保市场的首创担保、北京中关村科技融资担保有限公司（下称“中关村担保”）、深圳担保集团有限公司（前身为深圳市中小企业信用担保中心，下称“深

圳中小担保”）以及山西省融资再担保集团有限公司（前身为山西省中小企业信用担保有限公司，下称“山西省中小担保”）等担保机构。之后，又公布了第二批和第三批共计 275 家试点机构名单，截至 2003 年底，纳入全国中小企业信用担保体系的试点担保机构达到 378 家。

2. 出台政策措施，推动信用担保体系的建立与完善

为鼓励中小企业信用担保业发展，2001 年，国家发展改革委（中小企业主管部门并入国家发展改革委）与国家税务总局联合下发《关于中小企业信用担保机构、再担保机构免征营业税的通知》（国税发〔2001〕37 号），规定凡纳入全国试点的担保机构均可享受三年免交营业税优惠政策。同年，为促进担保机构业务水平与能力提升，由国家中小企业主管部门牵头，组织行业骨干机构编写了中小企业信用担保实务操作教材并启动了面向全国的担保业务培训工作。与此同时，涵盖鼓励促进中小企业信用担保业发展内容的《中华人民共和国中小企业促进法》也在酝酿起草之中。

3. 担保行业能力建设得到加强，业务能力得到提升

在政府政策推动下，各地担保机构一方面不断加强自身建设、提高服务水平与业务能力；另一方面不断探索创新业务模式与产品，在支持中小企业融资方面取得了显著成效。

2001 年，由中投保牵头，联合全国 60 家担保机构发起设立了中国担保业联盟，推动行业自律、业务交流与合作，以共同推动行业发展。中国担保业联盟下设的技术专委会和法律专委会在促进行业创新能力与法律能力提升方面发挥了积极作用，一批行业领军人才均曾在这两个专委会任职。

在此期间，各地担保机构陆续推出了旨在服务中小企业融资的新举措和新模式。例如：中关村担保在 2002 年推出了面向科技园区留学归国人员创业的“创业贷款担保业务”，帮助一批获得担保贷款支持的创业企业在海内外成功上市；深圳高新投探索担保加创投方式，为一批科技型中小企业提供了贷款担保与创业投资支持；首创担保与中投保上海分公司利用市、区（县）两级财政设立的担保资金，构建了辐射全市的担保网络体系，以技术输出和风险共担的方式推动市、区（县）担保业务规模的扩大。

在此阶段，中国的中小企业及中小企业融资议题也引起国际社会关注。2001 年，在上海举办亚太经合组织（APEC）会议，中小企业发展被列入部长会议议题。为配合此次 APEC 会议，在国家中小企业主管部门组织指导下，与中小企业融资与发展相关的系列研讨活动成功举办，并出版发行了中小企业融资系列图书，其中由中关村担保主编、上海财经大学出版社出版的《中小企业信用担保》一书正式问世，它是我国首部系统性研究与论述中小企业信用担保业务的专业书。同时期，为落实中英两国政府签署的“中英合作项目”内容，在英国政府的援助下，由沈阳、大连和成都三市政府相关部门牵头，分别设立了小企业信用担保服务中心，英国政府派出专家予以具体指导。合作期届满后，沈阳市和成都市两家机构改制为小企业信用担保公司，至今仍活跃在担保一线。

（三）快速发展阶段（2003—2008）

随着《中华人民共和国中小企业促进法》于 2003 年颁布实施，我国中小企业信用担保业步入快速发展时期，各地多种所有制形式的担保机构如雨后春笋般迅猛增加。在此时期，乘加入世贸组织之东风，中国经济，特别是民营经济快速发展，企业融资需求空前高涨，推动担保机构数量和业务规模呈现快速增长态势。截至 2008 年底，全国担保机构数量（纳入国家中小企业主管部门统计范畴）超过 4 000 家，筹集到的担保资金超过 2 000 亿元，担保机构从业人员达到 4 万人。与此同时，担保行业在政策推动、体系建设、模式与产品创新等方面均取得较大成效。但由于行业发展过于快速，各项制度和管理相对滞后，特别是经济高速增长掩盖了一些深层次矛盾，使得行业在此阶段后期问题频现，也为之后步入规范整治阶段埋下伏笔。

1. 与中小企业信用担保相关的政策相继出台

2003 年正式颁布实施的《中华人民共和国中小企业促进法》，提出了国家鼓励支持中小企业信用担保业发展、推动中小企业信用担保体系建设的明确要求，并首次将各项有利于促进中小企业发展的政策资金纳入中央财政预算科目。《中华人民共和国中小企业促进法》的实施，对鼓励、支持与促进我国中小企业信用担保业的发展提供了有力的法律保障，为行业存在的合理性奠定了法律基础。

2005 年，国务院下发《国务院关于鼓励支持和引导个体私营等非公有制经济发展的若干意见》（“非公经济 36 条”），其中提出支持非公经济设立商业性或互助性担保机构，鼓励有条件地区建立中小企业担保基金和区域性再担保机构。建立和完善信用担保的行业准入、风险控制和补偿机制，加强对信用担保机构的监管。建立健全担保业自律性组织。同年，财政部下发了《担保企业财务管理办法》，进一步规范了担保机构财务会计管理，也为考核担保机构绩效提供了重要依据。

2006 年 11 月，国务院办公厅转发了国家发展改革委等五部委《关于加强中小企业信用担保体系体系建设意见》（国办发〔2006〕90 号）（下称“90 号文”），涉及对担保机构的财政补贴、税收减免、反担保资产抵质押登记办理、信用信息资源共享以及组织领导等内容。90 号文下发后，中央财政对担保机构的扶持力度逐年加大，中央财政的担保补贴资金从 2006 年的 5 000 万元、2007 年的 1.88 亿元，增加到 2008 年的 12 亿元，享受三年免征营业税的担保机构超过 1 200 家。2007 年底，财政部和国家税务总局联合下文，允许担保机构在所得税税前计提三项风险准备金，以利于担保机构抵御风险。

2. 推动担保体系建设向纵深发展

在国家中小企业主管部门的支持与推动下，行业启动了全国中小企业信用担保机构培训讲座机制，由初期每年组织 3~4 期全国性培训讲座，到后期指定中关村担保、深圳中小担保以及山西省中小担保作为全国担保培训孵化基地，从理论到实操为各地担保机构培训了大批专业人才。与此同时，旨在提升中小企业能力建设的系列培训也在全国展开。

2003 年，国家中小企业主管部门在全国选择了包括北京市在内的五个试点地区，启动了中小企业信用体系建设试点工作，对试点地区的中小企业开展信用信息征集与评价，建立中小企业信用档案与数据库，为行业降低风险、提高效率创造条件。

在此期间，为适应政策与市场需要，在中央和地方政府积极的推动下，我国启动建立再担保机制。经国家中小企业主管部门批准，2008 年 2 月与 11 月，先后成立东北中小企业信用再担保有限公司（现名为东北中小企业融资再担保股份有限公司，下称“东北再担保”）与北京再担保公司，标志着我国中小企业信用担保体系建设步入了制度化轨道，担保机构的专业化风险补偿机制正式确立。

为加强行业自律，促进中小企业信用担保行业健康发展，2003 年初，在中小企业主管部门的指导与支持下，由深圳、长春等 14 家担保机构联合发起设立了全国中小企业信用担保机构负责人联席会议机制，目的是围绕行业规范与发展等议题开展专题研讨，并为政府部门制定相关政策提供决策支持。

3. 行业在经营模式与业务品种创新方面取得突破性进展

在经营模式方面，这一时期我国担保行业呈现出多元化的发展态势，其中具有代表性的模式如下。

（1）中关村担保模式。中关村担保是国内专注于服务科技型中小企业的专营担保机构，以服务于科技型中小企业融资为切入点，开创了具有地域特色与行业特点的模式。2003年，中关村科技园区成立全国首家以企业信用为纽带的中关村企业信用促进会，中关村担保对主动入会且信用记录良好的高成长“瞪羚”企业、留学归国人员创业企业以及集成电路设计企业提供融资担保支持，政府部门对获得融资的企业给予利息补贴并对中关村担保给予工作经费补贴。在园区建立企业信用制度的基础上，2005年中关村担保组织园区企业率先发起设立集合信托计划并提供担保，2007年，组织园区企业公开发行集合债券并提供担保，开启了中小企业直接融资担保业务先河。中关村担保以政府政策为引导、以企业信用为基础、以企业成长性与创新性为先导的融资担保服务模式，极大提高了对优质客户的吸引力，提高了服务精准度与工作效率，也适当降低了企业融资成本和担保风险，有力推动了辖区内政府产业政策的落实，实现了多方共赢目标。

（2）深圳担保模式。以深圳中小担保与深圳高新投为代表，在政府强有力的政策与资金支持下，依托本地创新能力强、成长性好的客户资源，采用市场化运作方式推动担保业务发展。虽然两家机构的经营方向一致，亦即在完成一定的政策性业务目标的同时实现股东回报要求，但在发展路径上有所不同。早期，深圳中小担保的股权结构特点决定了其更多的是借助政府的政策资源开拓市场，并利用自身探索的一套行之有效的管理体系推动政策性业务规模的不断扩大。深圳高新投早期以担保加创投模式而著称，中间一度尝试更为市场化的业务发展模式，最为突出的是大力开展工程履约担保业务。最近几年，深圳高新投也在资本市场融资担保和中小企业融资担保方面有所斩获，但工程履约担保和股权投资依然是其业务发展重点。

（3）广东中盈盛达与瀚华担保模式。广东中盈盛达融资担保投资股份有限公司（下称“广东中盈盛达”）和瀚华融资担保股份有限公司均以民营资本出资为主，在公司治理方面形成股权相对分散、日常经营管理主要由专业素质较高的职业经理人团队负责的管理架构。两家公司的经营理念相近，亦即坚持小而分散、集融资担保和非融资担保以及其他微金融为一体的业务发展模式，并先后在香港联交所上市。

（4）深圳中科智模式。深圳中科智融资担保有限公司曾是一家跨区域经营的大型民营担保公司。该公司以深圳为基地、以最终成为上市公司为目标，其业务向全国范围辐射，几年内在全国各地设立子公司或分公司，迅速扩大业务规模，并以此吸引了包括亚洲开发银行在内的国际金融机构注资。但由于其业务交易结构复杂、盲目扩张以及内部管理等原因，该公司在2008年出现流动性问题，之后逐步退出中小企业担保业务市场。

（5）中投保模式。中投保早年以开展企业贷款担保业务为主，自2000年后，除参与中投保上海分公司政策性担保业务运营管理外，该公司逐步向成为上市公司的商业化模式转型，前期主要开拓了诉讼保全担保、工程履约担保、海关担保以及保本基金担保等非融资性担保业务，之后逐步大规模涉入资本市场的债券担保业务。随着以政府城投债为主的担保业务逐步收缩，中投保目前也在探索新的业务发展模式。

（6）富登担保模式。2007年，由新加坡淡马锡出资，在南京市设立外商独资担保机构——富登投资信用担保有限公司（下称“富登担保”），通过引入国外小企业信用打分卡技术模型，从事小微企业融资担保业务。按照风险定价原则，该担保机构为不同信用等级的小企业提供不同额度与不同收费标准的融资担保服务。由于引入的打分卡模型本地化适配度不高，风险定价方式存在逆向选择风险隐患，导致其业务一直处于较高风险状态，该公司最终将其股权进行转让。

（7）互助担保模式。最初由某一类商圈或经营业态相同的企业与银行协商，将有融资需求的企业组织起来形成融资互保圈，各互保企业按自己融资额度的一定比例向贷款银行存入保证金并为互保圈内其他企业的融资提供连带责任担保。之后，由互保圈或商会成员出资，设立了专门为商圈内企业提供融资担保服务的互助性担保机构。由于设计的思路存在瑕疵，实际控制与管理操作该类担保机构的人员素质参差不齐，特别是受市场环境与政策环境变化影响，2008 年之后互助性担保出现严重问题，最终退出担保业务市场。

在业务品种创新方面，此时期有利的经济环境、市场环境与政策环境促进了行业担保业务产品创新的不断涌现，其中比较具有代表性的创新业务包括中关村担保的“瞪羚计划”“留学人员归国创业贷款担保绿色通道”“中关村高新技术企业集合信托计划”以及中关村担保与深圳中小担保分别推动落实的“中小企业集合债券”等专项担保业务。上述创新业务的特点：一是将政府重点扶持中小企业的政策与自身业务相结合，取得政府相关部门在客户资源和补贴资金等方面的政策支持；二是设计符合目标企业特点的专项担保业务的操作规程，形成相对统一的标准化业务产品，便于业务批量化推进；三是前期指定专人或部门推动落实，成熟后予以推广。

4. 随着担保机构数量与担保业务规模的快速增长，行业存在的问题也逐步显现

（1）面对出资主体、经营目标、利益诉求、管理方式与业务能力各异的担保机构快速增长的态势，对行业如何正确引导并实施有效管理，如何处理好政策扶持、规范运作与监督管理之间的关系，是这个时期行业亟待解决的问题。

（2）多年经济高速增长与市场繁荣，使得社会上对担保金融属性认识不足，风险意识比较淡薄，导致一些以过度追求利润为目标的担保机构在经营理念、治理结构、业务操作与管理上均采取了急功近利的短期行为，偏离了担保行业所应遵循的基本原理和规律，由此产生风险。

（3）随着经济的高速成长，一些行业领域盲目投资、重复投资等过热现象甚至投机行为开始出现，一小部分担保机构也深陷其中，给其后续经营带来风险隐患。

（四）行业规治与波动前行阶段（2009—2014）

2003年以来，我国担保机构数量快速增长，截至2008年底，全国以“投资担保”名义注册的担保机构超过万家。但是，由于担保机构设置门槛过低、监管滞后，一些担保机构出于短期利益目的，业务游离于政策红线边缘，也在触碰着风险底线，因此对行业的规范整治从2009年初开始提到议事日程上来，自此行业步入了监管下的发展新阶段。

1. 行业步入规范管理轨道

2009年2月，国务院办公厅下发通知，确立建立由原银监会牵头组成的七部委融资性担保业务监管部际联席会议（下称“监管部际联席会”），责成各地方政府设立融资担保行业监管部门，并对行业监管提出了相应要求。

2010年3月，中国银监会、国家发展改革委等七部门联合下发《融资性担保公司管理暂行办法》（下称“《暂行办法》”）。随后各地方政府参照《暂行办法》陆续出台地方监管办法。由此开始，纳入监管的信用担保也统一更名为融资担保，以提高其社会识别度。

为推动《暂行办法》有效实施，监管部际联席会下发了与之相配套的八个指引，对行业规范化经营管理提出了更为具体和明确的要求。2010年，地方行业监管部门根据监管部际联席会审议通过的《融资性担保机构经营许可证管理指引》，对辖内从事融资担保业务的担保机构施行事先核准的经营许可制，自此全国陆续有8 000多家担保机构获得五年期融资担保经营许可证。2012年4月，针对少部分担保机构违规收取客户保证金问题，监管部际联席会印发了《关于规范融资性担保机构客户保证金管理的通知》。

2. 行业体系建设取得新进展

在政策层面，为应对2008年金融危机，缓解中小企业经营压力，2009年9月国务院下发了《国务院关于进一步促进中小企业发展的若干意见》（国发〔2009〕36号），要求各级财政要加大支持力度，综合利用资本金注入、风险补偿和奖励补助等多种方式，提高担保机构对中小企业的融资担保能力。

在体系建设层面，随着北京再担保公司和东北再担保的设立，全国各地纷纷响应。截至2014年底，全国共有15个省建立了再担保机构或机制，并积极探索适合自身特点的再担保业务模式。其中：**北京再担保模式**不以营利为目的、依靠自身专业化与精细化管理手段，通过引入政府相关政策和“搭平台、建机制”方式，充分发挥再担保的“增信、分险、规范、引领”功能；**安徽再担保模式**依靠政府强有力的行政资源和代偿补偿政策，以股权纽带方式构建全省中小企业融资担保业务网络体系，形成了担保机构、省级再担保机构、银行、地方政府风险共担的“4321”业务模式；**江苏再担保模式与广东再担保模式**将政策性再担保业务与集团直保业务相分离；**东北再担保模式**业务涵盖四省、跨区域。这些担保模式均为探索我国再担保业发展提供了有益的借鉴。

在业务创新方面，各地担保机构不断创新业务品种与模式，为“保增长、扩内需”做出了应有的贡献。2010年，中关村担保与北京再担保公司共同为中关村科技园区13家高新技术企业发行的总计3.83亿元、三年期企业集合债券提供了担保与再担保支持，首次将专业再担保机制引入债券发行；同年，北京再担保公司在北京市经信委支持下，联合13家担保公司以及信托和证券机构，为北京市中小微企业发行的集合信托与集合票据等直接融资产品提供了担保与再担保，截至2014年底，累计为500家次企业的150亿元直接融资提供了担保支持。在此时期，以中投保和中债信用增进投资股份有限公司为代表的大型担保机构开始较大规模地进入地方城投债担保业务市场，使得债券发行引入专业担保成为一种新常态。

3. 行业在经济下行期面临较大挑战

自2008年金融危机以来，受“三期叠加”因素的影响，我国经济增速逐渐放缓，步入结构调整新常态。部分行业产能过剩、需求不足、成本上升和利润下滑等问题突出。中小微企业特别是受结构调整影响较大的中小微企业经营面临较大困难，债务压力加大，信用风险开始暴露。受大环境影响，担保行业也面临较大的风险代偿挑战，各种违约事件不断发生。

2011年，长三角一些地区的中小企业经营出现困难，到期债务（既有银行债务，又有民间借贷）难以偿还，甚至出现企业主“跑路”现象。由于担保贷款不良率急剧上升，一批担保机构丧失了代偿能力，更有一小部分民营担保机构卷入了民间违规借贷业务活动中，出现信用危机。

2012年初发生的“华鼎—创富”与“中担担保”挪用企业保证金事件以及中原地区一些非融资担保机构违规涉入民间借贷担保事件，导致行业声誉受到严重的负面冲击，金融机构几乎全部暂停了与民营担保机构的业务合作。

2013年，受经济结构调整与融资过度等因素的影响，主要集中在长三角地区的钢贸企业经营出现严重困难，发生大面积债务违约与“跑路”问题，连带影响了一批担保机构，专营钢贸企业融资担保的担保机构几乎全军覆没。

担保机构这段时期的代偿持续增加，截至2014年底，全行业累计代偿额超过400亿元，至此，一度认为从事融资担保业务稳赚不赔的神话被彻底打破。行业是否具备完全商业化条件、是否应该回归政策性本源这一事关发展大局的问题急需做出明确回答。

4. 对行业定位与发展方向的再思考

这段时期，担保行业受大环境影响呈现前涨后落的发展状态，尤其是进入2012年后，行业违规事件不断出现、风险代偿高发、业务推进放缓等问题直接影响了中小微企业融资，促使政府、社会与行业重新思考担保的业务定位和发展方向。2014年12月18日，国务院首次召开全国促进融资性担保行业发展经验交流电视电话会议，国务院有关领导就促进融资担保业发展做出重要批示和部署，指出发展融资担保是破解小微企业和“三农”融资难与融资贵问题的重要手段和关键环节，为此提出：一是地方政府要多措并举、加大投入，设立政府出资的融资担保机构，完善再担保体系，通过税收优惠和风险补偿等政策措施加大对担保机构的支持力度；二是担保机构要发挥贴近小微企业和“三农”的优势，切实提高服务水平，不断创新产品与服务；三是银行要主动作为，完善银担合作与风险分担机制，服务实体经济；四是地方监管部门要守土有责，守住风险底线；五是小微企业要努力提高自身素质，改善经营管理，完善财务制度，讲信用、守诚信。这次会议为后续担保行业回归本源、体系再造奠定了基础。

（五）回归本源、体系再造阶段（2015 年至今）

随着中国经济进入中高速增长新常态，如何在保持市场基本面（尤其是在保民生、保就业方面）相对平稳的前提下实现经济结构优化调整，稳定和促进中小微企业发展至关重要，其中解决中小微企业融资难、融资贵问题成为关键环节。2014 年底召开的国务院融资担保工作会议，突出了融资担保普惠金融的重要作用，要求其必须回归到服务小微企业和“三农”融资的政策性本源上来。2015 年以来，一系列有利于融资担保业务回归本源、促进其规范化与体系化发展的政策法规不断出台，新的体系架构也在逐步形成。

1. 相继出台各项政策法规，力促行业本源回归

2015 年 8 月，国务院下发《国务院关于促进融资担保行业加快发展的意见》（国发〔2015〕43 号）（下称“43 号文”），针对长期制约行业发展的定位、体制机制等问题，从顶层设计高度提出了一系列改革举措。43 号文明确了融资担保服务于小微企业和“三农”的准公共产品政策性业务定位，将一段时期以来对行业的模糊认识予以澄清；提出各级财政要加大对融资担保资金投入，使担保回归政策性本源有了物质基础；确立了融资担保政策扶持与市场主导相结合、发展与规范并重的运作原则，提出制定《融资担保公司监督管理条例》；确立了设立国家融资担保基金，构建国家融资担保基金、省级再担保机构与辖内担保机构为一体的政府性融资担保体系改革方向。

2017 年 10 月，国务院发布《融资担保公司监督管理条例》（国务院令第 683 号）（下称“《监管条例》”），将对担保机构的监管提升到法规层面。与 2010 年出台的《暂行办法》不同，《监管条例》明确了融资担保的普惠金融属性，提出了加大财政资金投入、推动建立政府性融资担保体系的要求。同时，《监管条例》还提出了运用大数据等现代信

息技术手段加强行业风险监测、提高为小微企业和“三农”服务效率的要求。随后，监管部门依据《监管条例》制定了四个配套实施细则。

2019 年 2 月，国务院办公厅下发了《关于有效发挥政府性融资担保基金作用切实支持小微企业和“三农”发展的指导意见》（国办发〔2019〕6 号）（下称“6 号文”），对政府性融资担保与再担保机构如何进一步发挥好服务小微企业和“三农”融资作用提出了一系列政策要求，文件对政府性融资担保机构逐步退出政府融资平台与大项目担保，其小微企业和“三农”覆盖户数与业务规模占比逐步达到 80% 与 50%、担保费率逐步降到 1% 或以内做出了明确规定；并对国家融资担保基金与省市再担保机构业务合作，银担风险分担以及地方财政部门开展担保机构绩效考核等提出了具体要求。6 号文的下发引起行业广泛关注，也由此吹响了新一轮担保机构股权结构与业务结构调整的号角。

2. 有利于促进小微企业与“三农”融资，完善行业体系建设的举措不断落地实施

在前期调研北京市开展的小微企业融资担保业务代偿补偿机制的基础上，2015 年，工信部会同财政部联合下发《关于做好中小企业信用担保代偿补偿有关工作的通知》，选择了包括北京市在内的六个省市作为试点，依托试点省市再担保机构的再担保业务，建立了由中央财政资金主导、地方财政资金配套的中小企业信用担保代偿补偿机制，对试点省市再担保机构开展的单户不超过 500 万元小微企业再担保业务，再提供不超过 25% 的代偿补偿。启动财政资金代偿补偿机制的最初目的是通过财政资金的加磅支持，加大对担保机构小微企业融资担保业务的补偿力度，进一步调动其开展小微企业融资担保业务的积极性。自试点实施以来，取得了一定政策成效，其中北京市和安徽省试点效果最为明显，带动了辖内小微企业融资担保业务规模的增长，也为后续国家设立融资担保基金提供了有益借鉴。

为进一步引导金融资源向“三农”倾斜，2016年5月，经国务院批准，由财政部牵头组建了国家农业信贷担保联盟有限责任公司，该联盟以中央财政出资为主，陆续吸收了33个省级农业担保机构参股，形成了覆盖全国的农业担保网络体系。该担保联盟发挥政策与业务指导功能，并以再担保方式为地方农业担保的代偿提供不超过20%的补偿。同时，为保证整个农业担保体系的低费率水平，中央与地方财政均从农业预算科目中安排部分资金，对省级农业担保机构予以费率补贴。

2018年，为调动担保机构开展小微企业融资担保业务的积极性，工信部会同财政部下发了《关于对小微企业融资担保业务实施降费奖补政策的通知》。该政策以鼓励担保机构扩大小微企业融资担保业务、降低担保费率为目标，2018—2020年连续三年每年安排中央财政补贴资金30亿元。2021年，两部委又下发通知，对担保机构的降费奖补政策继续延续三年。

2018年7月，经国务院批准，由财政部牵头、联合20家银行和金融机构共同发起组建了国家融资担保基金，基金初期注册资本规模661亿元，按照政策性导向、市场化运作、专业化管理模式，以再担保分险加股权投资方式，推动与支持全国政府性融资担保体系建设。自成立以来，国家融资担保基金按照43号文和6号文精神，陆续与各省市开展再担保业务的专业机构建立了业务纽带与股权纽带关系，为各省市符合6号文要求的小微企业和“三农”再担保业务提供20%再补偿支持。2020年，国家融资担保基金通过与全国主要股份制银行和省级再担保机构签订《银担2：8风险分担业务合作协议》，共同推动面向小微企业的“总对总”批量业务实施。自2021年起，国家融资担保基金启动了对合作机构的补偿与奖励，较好地发挥了增信分险作用。

3. 近年融资担保业经营情况

随着宏观经济形势的变化与担保体系建设的不断深入，我国担保行业的总体经营情况也发生了深刻变化，主要表现在：一是机构数量逐年减少，全国持牌经营的融资担保法人机构从2013年开始逐年减少，但国有控股机构数量占比逐年增加，同时，机构的注册资本实力也在不断增强。二是担保业务规模近几年逐年增加，小微企业覆盖面逐年扩大，但从全国范围看，担保覆盖的中小微企业和“三农”比重依然偏低，仍有较大的拓展空间。三是担保放大倍数呈逐年缓步增长的趋势，较好地体现了担保机构发挥规模效益的金融属性，也体现其“四两拨千斤”的公共财政政策属性，但从监管规定的10~15倍放大倍数上限要求看，担保资金的使用效率仍有较大提升空间。四是风险代偿压力依然较大，近几年担保行业融资担保平均代偿率超过2%，如按行业平均不到2%的担保费率标准测算，担保行业主业收入不能覆盖代偿支出；同时行业平均拨备覆盖率低于100%，说明自身抵御风险的积累能力依然不足，从整体看，行业处于不断吞噬资本金的亏损状态。五是再担保业务逐步增长，分担风险的比例和提供代偿补偿的额度也在逐年增加，但从总体看，其与辖内担保机构的需求相比还有一定差距。最主要原因是再担保机构尚未解决自身可持续性问题：一是费率过低，与所承担的风险相比极为不对称；二是尚未建立较为完善的长效补偿机制；三是行业规范与基本操作模式还不完全统一，再担保的管理办法暂未出台。

三、行业重点发展模式比较与未来发展方向

（一）行业重点发展模式比较

多年以来，无论是政府相关部门还是机构自身，一直在探索实践既

体现担保通行惯例又符合国情与本地实际的发展模式，积累了较为丰富的经验。总结这些模式，对行业的未来发展具有重要的借鉴意义。行业具有影响力和代表性的发展模式主要有以下七个方面。

1. 以补贴补偿政策为引导的政策性担保业务模式

这一模式由国家中小企业主管部门和财政部共同推动，早期主要为中小企业担保业务提供补助和免征营业税，逐步延伸到工信部与财政部的担保代偿补偿资金试点和小微企业担保业务奖励补贴，再到国家融资担保基金代偿补偿机制的建立，其特点如下。

（1）通过建立面向全国的政策性担保业务补贴补偿机制，引导各地担保机构多做符合政策导向的担保业务，覆盖面广、见效快。

（2）在全国范围内构建了服务小微企业和“三农”融资的担保与再担保政府性融资担保体系，设置了相对明确的机构准入与业务准入条件，逐步实现了政策性担保与再担保业务在服务标准上的相对统一，为政策的有效实施与绩效考核创造了条件。

（3）由于我国幅员辽阔，各地中小微企业发展阶段与发展水平不尽相同，对政策的理解程度与实施力度存在差异，行业内各机构的成熟度与业务能力参差不齐，因此在实施全国统一政策措施时，需要在具体执行上根据不同情况对政策做进一步细化优化，以提高政策的精准性与有效性。

2. 政银担风险共担模式

该模式是由安徽省信用融资担保集团有限公司在安徽省委省政府大力支持推动下、在各级政府积极配合下，联合了辖内政策性担保机构与银行，按照地方担保机构承担 40%、省担保集团承担 30%、银行承担 20%、地方财政承担 10% 的担保责任比例，于 2014 年启动的中小企业专项贷款担保业务，简称为“4321 模式”。随后，一些省市也效仿此模式，陆续推出了各自版本的政银担风险共担业务模式。该模式的主要特点如下。

（1）省级政府强有力推动，各级政府部门、担保机构和银行予以配合，行政能力强、覆盖面广、见效快。

（2）分散了担保机构的担保风险，有利于调动其多做中小微企业贷款担保的积极性。

（3）由于银行分担了一定比例的风险责任，理论上讲有利于强化其信贷审批管理责任意识、降低其道德风险。

（4）完全由政策驱动的担保业务，应尽可能避免担保机构专业化与市场化意识和能力的弱化，尤其要防止方案设计不当可能给风险防控造成的压力以及给地方财政带来的负担。

（5）要尽量避免风险分担环节过多造成的责任不清，特别是要防止项目出现代偿风险时相互扯皮、推诿等问题。

3. 以政策为引导的市场化担保与再担保模式

该模式的基本路径是：政府划定支持的中小微企业范围，建立补贴补偿机制，并搭建一个政策引导下的市场化运作平台。在这个平台上，担保机构按照政策支持范围与要求自行开拓市场、审核审批与管理项目，对担保机构的补偿由专业再担保机构按市场化方式操作，政府不以行政命令的方式直接参与其中。早期中关村担保的“瞪羚计划”和深圳中小担保等机构开展的专项担保业务、之后在北京和一些省市开展的政策引导下的担保与再担保业务均属于此模式。该模式特点如下。

（1）区域内拥有相对充足的有效客户资源与相对发达的担保市场，担保机构可根据政策导向要求并结合自身资源禀赋，独立开拓业务，审核、审批与管理项目，因此具有较大的业务自主性与主导性。

（2）虽然业务政策性强，但直接行政干预少，市场化程度高，出现系统性风险的概率较低，地方财政压力较小。

（3）由于担保与再担保机构完全按照市场化方式处理政策性业务，并将其视为一项常规业务来推动，因此一旦形成规模，发挥的政策精准性与稳定性效果更为明显。

（4）由于担保机构拥有较大的市场自主性与业务主导权，因此在与银行合作过程中较难形成行业统一力量，一定程度上也会造成银担风险分担机制难以在短时间内建立。

（5）无论是在政策理解与把握、政策与效益平衡方面，还是在经营管理、市场开拓与业务处理等方面，都对担保与再担保机构要求较高，需要较长市场培育期才能收到明显效果。

4. 以企业信用为基础的平台业务模式

该模式的切入点是从项目入口环节把控风险，尽可能打破信息不对称瓶颈，以便在保证风险基本可控的前提下简化项目审核审批流程，提高业务处理效率。该模式的典型案例是2003年在中关村科技园区启动的“中关村企业信用促进会”与“瞪羚计划”专项贷款担保业务以及2015年在北京市朝阳区国家文化产业创新实验区启动的“朝阳区文创实验区企业信用促进会”和“蜂鸟计划”专项融资担保业务。这两种分别面向科技型与文创型中小企业的业务模式，把主动立信的企业汇聚在一起，通过引入政府补贴政策和相关服务机构简化程序，提高企业融资效率，降低企业融资成本，同时也可以帮助各服务机构拓展客户资源，实现政府、企业和服务机构多方共赢目标。该模式的基本特点如下。

（1）搭建一个由政府支持推动、以企业信用为基础、由担保或再担保机构主导的融资服务平台。在此平台上，企业主动披露信用信息，相关服务机构承诺简化融资审核程序，政府对获得融资支持的企业予以一定的奖励补贴。

（2）由于政府参与政策制定，因此服务的领域相对比较集中，信息采集相对便利，便于形成标准化批量产品，也有利于担保机构整体业务市场的开拓。

（3）需要有相对可靠的数据信息和中介服务机构做依托，需要政府政策托底。

5. 以数据库和信息系统为基础的线上批量业务模式

随着以信息技术为手段的大数据平台的不断涌现，担保机构与金融机构也在加快推动金融业务信息化步伐，从而为探索实践更为快捷便利的线上业务模式创造了条件。近年来，一些担保机构借助金融机构数据平台开展的普惠金融线上业务均属于这类模式，其主要特点如下。

（1）数据库在获客与风控等方面足以支撑批量业务，客户渠道拓宽、业务处理效率提高，可在短时间内形成规模。

（2）借助大数据的线上业务需要有充足且有效的数据、模型与参数做支撑，数据质量以及模型与参数同现实状况拟合度高低决定了系统决策的成效。小微企业经营状况瞬息万变和信息透明度不高等特点，给有效运用数据与模型开展线上业务带来挑战，需要长期业务的经验积累，更需要进行反复验证调试，不宜盲目扩大规模。

（3）如果担保机构没有自主的数据库做支撑，完全借助外部机构来推动线上业务，有可能造成客户黏性不足，导致业务自主性与主导性不强，也会给后续项目风险代偿处置和追偿增加许多不确定性。

6. 专营业务模式

早期以深圳高新投和中关村担保为代表，从事专注于科技型中小企业的融资担保业务，之后一度形成了以同类型商圈为代表、高度市场化的互助担保业务。2012 年以来，出现了以北京国华文科融资担保有限公司为代表的、专注于文化创意中小企业的专营担保机构。专营业务模式的特点如下。

（1）区域内拥有市场细分中的特色产业和一批经营相对活跃、成长性与信用良好，但缺少有效抵质押物的客户群体。

（2）担保机构拥有一批专注和熟悉该业务领域和企业的专业人才，并能有针对性地设计实施具有专营特色的操作方案。

（3）由于专营业务的竞争门槛相对较高，因此业务具有一定的专有性，相对比较稳定且收益性较好。

（4）前期投入成本较高，需要一定的市场和人才培育周期。

（5）有行业集中度过高的风险隐患。

7. 多元化业务模式

由于中小企业融资担保业务的高风险、低收益政策性特点，许多担保机构都在尝试拓展不同的业务结构与产品结构，通过多元化经营方式分散风险、提高收益。从业务结构上看，主要是开拓了除担保以外的其他相关业务领域，如设立小贷公司、融资租赁公司以及创投基金等；从产品结构上看，主要是开拓了除中小企业融资担保业务以外的其他担保业务品种，如非中小企业类的债券和信托担保、工程履约担保、诉保以及其他非融资类担保业务。多元化业务模式有以下几个特点。

（1）以融资担保业务为基础，业务向其他融资类或非融资类方向拓展，形成业务门类与品种多样化的综合性业务平台。

（2）在体系内实现资源共享、优势互补，最终目标是实现综合效益的最大化。

（3）需要多种类型人才汇集，在理念相同的前提下形成差异化的管理模式。

（4）应采取债务总规模控制或分阶段接力服务方式，防止不同业务或不同产品在同一项目上叠加风险。

（5）目前，多数担保机构在担保主业产品多元化方面取得了突破，其中一些担保机构从非融资类保函担保业务规模化发展中实现了分散风险、增加收益的经营目标，但在业务结构多元化方面取得的成效有限。

（二）行业未来发展方向

我国担保业走过了三十年的发展历程，探索实践了各种发展模式与发展路径，为后续行业发展积累了宝贵经验、提供了有益借鉴。从行业发展的历史长河看，融资担保为中小微企业融资服务这一政策属性既是历史必然，也是市场需要，更是行业的立业之本，所以必须长期坚持。在立足于为中小微企业融资服务的前提下，如何把握好行业未来发展方向，进一步推动行业持续、稳定与健康发展，保证在履行好社会职责同时保持自身基业永续，是行业广大同人、政府相关部门需要思考的课题。为此，提出正确处理好以下三种关系的发展思路供业内同人参考。

1. 正确处理好担保有效需求与有效供给之间的关系

融资担保的准公共产品属性，决定了其应该最大限度地扩大普惠面，但需要有侧重点，应当优先向具有现实或潜在市场需求、可以产生较好的经济与社会效益、既有履约意愿又有履约能力的企业提供融资支持；“僵尸企业”、不诚信企业、盲目投资企业、总体债务规模难以控制的企业以及不利于产业结构优化调整的企业，理应不予以支持。正确处理好两者之间关系，既可以有效防控系统性风险，又可以避免担保资源的浪费。

2. 正确处理好政策性与可持续性之间的关系

融资担保是政策性很强的金融促进工具，解决的是中小微企业融资难的“市场失灵”问题，因此必须有强有力的政策加以引导和支持，以充分发挥其公共财政政策效应。但融资担保的金融属性和高风险特征又决定了其必须遵守基本的市场规律和金融规律，要坚守风险底线思维，坚持政策性不代表行政化、可持续性不代表商业化的经营理念，在社会效益与经济效益之间找到最佳平衡点。既要算好经济社会平衡发展的政策“大账”，也要适当兼顾稳健与良性发展的经济“小账”，用最小政策成本获取最大政策效果是融资担保行业良性发展的最高境界。

3. 正确处理好有效市场与有为政府之间的关系

在发挥有效市场方面，担保行业要在政策引导下，发挥市场机制在推动业务创新、市场开拓、风险防控、效率提高、成本降低与人才选用等方面的重要作用，其中当前与今后一段时期的工作重心之一便是通过体制机制改革与引入现代信息技术，推动精细化管理与高质量发展，保证在实现政策目标的同时始终保持自身经营良性与可持续发展。担保机构必须始终牢记如下事实：客户、风控、效益与管理是不可能完全依赖政策得到的，需要在市场中通过自己的努力拼搏才能获得。在发挥有为政府方面，政府相关部门首先要高度重视担保体系建设，将其作为一项长效工作机制来抓，要在方向把握、体系搭建、资金投入、规则制定、监督管理、绩效考核、机制构建与环境营造等方面发挥更为积极的作用。

上篇

再担保业务操作实务

再担保业务管理

再担保业务的定义和分类

我国在法律层面上并未就再担保做出明确规定，但依据实务案例并参照《中华人民共和国担保法》（下称“《担保法》”）、相关解释以及业务实践，可以将再担保业务主要分为三类，分别是分险型再担保（或称“比例再担保”）、增信型再担保、分保及联保。

一、分险型再担保业务

目前，分险型再担保是政府性融资担保体系中，再担保机构最主要的业务品种。分险型再担保是为有效分散担保机构（或称“原保机构”）业务风险，为合作担保机构符合再担保要求的担保项目提供一定责任比例风险分担。在担保机构原保项目发生代偿时，担保机构全部履行完毕对债权人代偿责任后，再担保公司按照合同约定的再担保责任比例向担保机构提供代偿补偿，并在项目有追偿回款后按补偿比例收回补偿款项。（见图 1）分险型再担保最主要的功能是为合作担保机构提供风险分担，保障其资产流动性，协助担保机构快速恢复代偿能力。

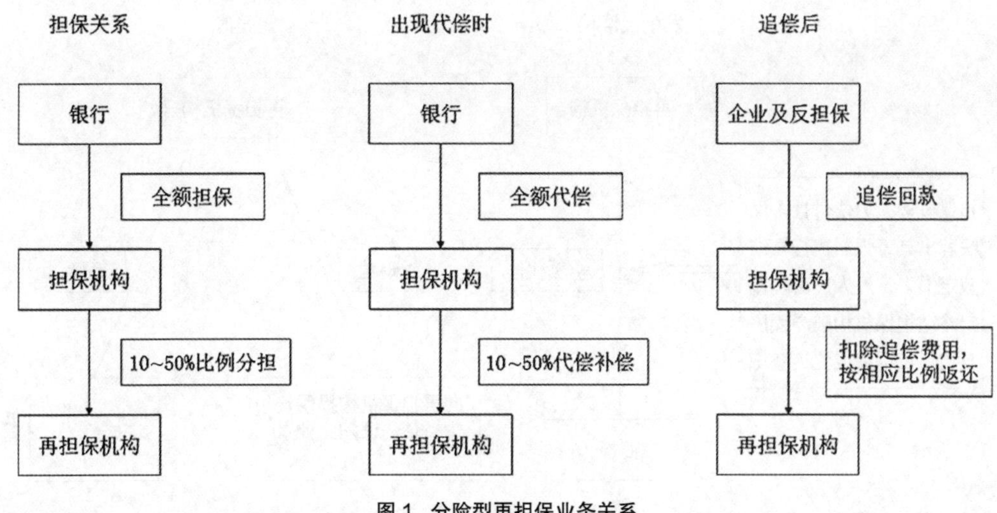

图 1　分险型再担保业务关系

二、增信型再担保业务

增信型再担保历史上多是为担保机构的担保项目提供一般再担保，当债务人及担保机构均无力偿付，经人民法院裁定终结担保机构破产程序且担保机构完成注销登记，由再担保机构按照合同约定代担保机构直接向债权人代偿。增信型再担保业务最主要的功能是增强银行业金融机构等债权人对担保机构的信心，从而实现对合作担保机构的信用增进，帮助其建立或恢复与银行业等金融机构的合作关系。增信型再担保业务在帮助民营担保机构恢复与银行的合作方面发挥了较大作用。例如，北京再担保公司的增信型再担保业务一般要求合作担保机构主要股东/实际控制人对再担保公司提供连带责任保证的反担保。（见图 2）

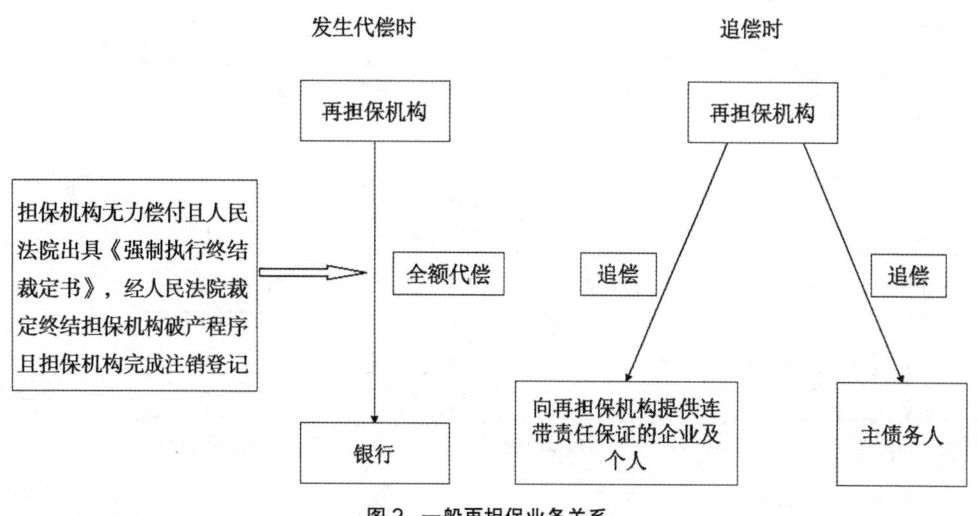

图 2 一般再担保业务关系

三、分保及联保业务

分保是由再担保机构向债权人提供连带保证责任，签署保证合同，同时再担保机构通过分保协议与合作担保机构明确各自承担的责任分担比例。（见图 3）

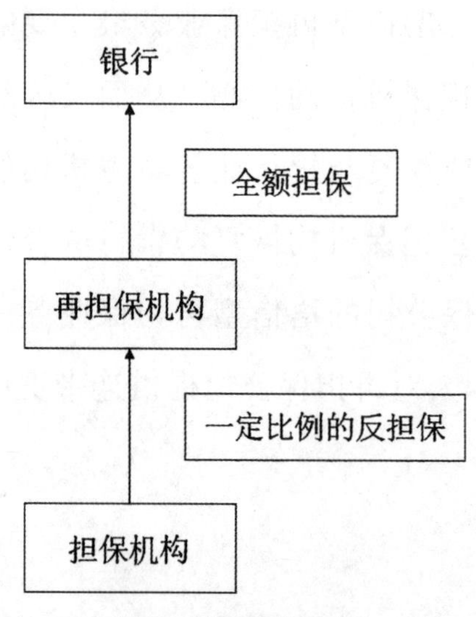

图 3 分保业务代偿关系

联保是再担保机构与合作担保机构按约定的责任比例共同向债权人

承担按份共同保证责任，分别或共同与债权人签订保证合同。（见图4）

分保及联保的主要功能一般是为担保机构超出担保能力的项目提供担保。

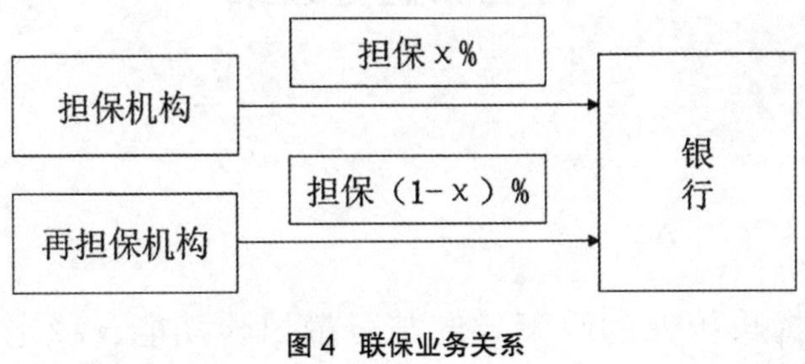

图4 联保业务关系

再担保业务政策

为切实发挥再担保的政策导向与分散风险功能，稳定和增强合作担保机构的预期，提高再担保公司与辖内担保机构的业务合作质量以及增强政策实施效果，再担保机构需要制定明确的、稳定的再担保业务政策。

再担保业务政策应当坚持融资担保与再担保的普惠金融本源，鼓励引导合作担保机构为小微企业和“三农”提供更多的融资服务；以最大限度地发挥融资担保与再担保的政策效能，鼓励引导担保机构集中有限资源重点以为符合政策导向和满足市场有效需求的小微企业提供融资担保服务为目的，着力提高担保与再担保的有效供给、增强政策的精准性与有效性。

一、遵循原则

制定再担保业务政策时应该满足以下几项基本原则。

（一）坚持政策优先，增强政策效果

重点支持符合国家及地方国民经济和社会发展规划、符合地方发展理念及产业结构调整方向、符合政策性融资担保业务相关监管要求的企业；鼓励担保机构利用信用信息平台和技术，在市场可主导、风险可把控的前提下，探索实践更为灵活多样的标准化产品与批量化业务模式；

鼓励担保机构以知识产权质押、应收账款质押等为反担保方式为企业融资，进一步拓展小微企业信用担保业务及首贷担保业务，扩大业务覆盖面，增强政策效果。

（二）尊重市场规律，有效防范风险

在尊重市场规律、科学开展经营和决策的前提下，为担保机构提供再担保服务，引导担保机构支持产品或服务具有有效市场需求的、可持续经营的中小微企业，重点研判担保企业的真实营收情况及未来变化趋势，有效防范市场风险；重点支持诚信经营、融资与经营规模相匹配、贷款资金用于生产经营活动、经营决策更关注中长期发展的企业，通过分析判断企业的履约意愿及履约能力，有效规避信用风险。

（三）坚持小额分散与规模效应相统一

在再担保分险比例、审核程序以及费率等方面，向单户总体融资担保金额在一定范围内且符合政策导向的小微企业倾斜。并通过产品与模式创新努力增加小额担保业务覆盖户数，实现有效分散风险和提高业务规模化效益的目标。同时，对符合地方产业政策导向、对就业民生起到支撑作用，且企业产品服务有市场需求、债务规模适度的中等额度担保项目提供再担保支持。

（四）既要顺应形势变化，又要尊重历史

为了在发挥好再担保分散风险功能的同时，进一步增强政策的精准性与有效性，并守住不发生系统性风险底线，再担保公司将根据政策环境、市场环境、金融环境与信用环境的变化，不定期修订再担保业务政策，并向合作担保机构公布。本着尊重历史的原则，再担保公司在原合同有效期内已承担再担保责任的业务，将继续履行原合同相应的权利与义务。同时，鼓励合作担保机构逐步扩大小微业务和当地重点发展产业领域业务的占比，逐步压缩不符合政策或市场要求的存量项目。

二、再担保业务政策核心要素

（一）单户总体融资担保金额

再担保机构应根据政策环境、市场环境、金融环境与信用环境设置单户总体融资担保金额，做好交叉担保额度（多家担保机构对单户项目的担保总额）控制，进一步聚焦支小支农主业，特别是500万元及以下的小微业务，坚守支小支农融资担保主业。

（二）行业分类

结合本地产业政策、市场环境、银行信贷政策，形成具有本地属性的行业分类目录，一般分为鼓励类行业、一般行业及限制和禁止行业，并结合各行业贷款需求、资产负债比等标准来设置合理的单户总体融资担保金额。

再担保机构在确定基准单户总体融资担保金额以及基准再担保比例的基础上，对于鼓励类行业，可以适当提高单户总体融资担保金额和再担保责任比例，对于非鼓励类行业则要禁止介入。

（三）再担保责任比例及再担保费率

1. 再担保责任比例

再担保责任比例的设定要充分考虑担保机构在获得当地各项政策后，自担责任比例，一方面要避免再担保责任比例过低，无法形成对担保机构的有效分险；另一方面要避免再担保责任比例过高，叠加当地补偿政策后，担保机构自担责任比例过低，引发担保机构道德风险。结合北京再担保公司工作实践，再担保责任比例一般不超过原保项目担保责任的50%，不低于20%，并结合政策导向与市场变化优化调整。

2. 再担保费率

再担保费是再担保业务可持续运行的重要资金补充。再担保机构制定再担保费率时需要将自身运营能力与本地补贴、补偿政策综合考虑。一般来讲，在承担同等风险责任的前提下，再担保费率应低于担保机构的担保费率，以弥补担保机构开展业务额外付出的经营成本。目前，全国范围内再担保机构普遍的收费标准是：单户金额500万元及以下小微业务按照再担保责任金额的0.3%收取，其余业务按照责任金额的0.5%收取。

三、再担保业务政策的执行

再担保机构应该通过公开方式，向合作机构发布明确的再担保业务政策，说明政策适用范围；结合自身运营情况和外部环境变化动态调整并优化业务政策，将调整内容在新的政策试用期前向合作机构传达，以增强再担保业务政策的可预期性。同时，为保证再担保业务政策能够得到贯彻落实，应配套草拟或调整再担保合同，以明确执行政策的具体操作流程、要求；通过制定和执行合同内容，形成业务政策要求与业务实际操作的正负向反馈，以保证业务政策与业务实践逐步统一，避免业务政策脱离实际操作或不能得到贯彻执行等问题。

四、北京再担保公司业务政策简介

北京再担保公司通过制定、发布《再担保业务合作指引及负面清单》向合作机构明确再担保业务政策，通过设置若干个专项产品，以服务的客户为主要分类对象，明确业务政策的核心要素。

（一）科技创新专项产品

科技创新专项的被保证企业（或个人经营性贷款的用款企业）应为国家相关部委、北京市科委认定的高新技术企业、取得各级工信部门等认证的各级“专精特新”中小企业、国家级专精特新“小巨人”企业、科技型中小企业。具体政策条件如下。

（1）在科技创新专项中，融资担保机构单户总体融资担保债务规模[①]不超过 1 000 万元（含）的，可按照 50% 比例纳入再担保。

（2）在科技创新专项中，融资担保机构单户总体融资担保债务规模在 1 000 万～3 000 万元（含），且满足“大额项目条件”的高新技术企业，一般按照 40% 责任比例纳入再担保，最高不超过 50%。“大额项目条件”包括以下内容。

企业产品或服务应切实拥有一定的技术优势或差异化竞争优势，有明确的、相对稳定的市场需求。

企业债务适度且具备较好的履约意愿与偿付能力，不依靠高杠杆进行市场扩张或收购并购。

企业的经营模式可持续，贷款资金主要用于主业或主业高度相关业务的经营活动。

（二）文体消费专项

文体消费专项的被保证企业（或个人经营性贷款的用款企业）应通

---

① 单户总体融资担保债务规模是指某企业及其关联方在北京所有担保公司融资担保授信之和，以再担保公司业务系统记录的值为准。

过《国民经济行业分类》（GB/T 4754−2017）明确企业的行业归属后，所确定的行业在《北京市文化创意产业分类标准》《北京市文化创意产业发展指导目录（2016年版）》中，或属于文化与旅游、体育、消费融合发展领域；且被保证企业（或个人经营性贷款的用款企业）必须符合小微企业划型标准。具体政策条件如下。

（1）在文体消费专项中，融资担保机构单户总体融资担保债务规模不超过1 000万元（含）的，可按照50%责任比例纳入再担保。

（2）在文体消费专项中，融资担保机构单户总体融资担保债务规模在1 000万~3 000万元（含）的，应满足“大额项目条件”。如果企业属于影视、演出等文艺创作相关行业，企业还应满足：具备较丰富的制作发行经验，题材符合主流意识形态，有确定性的已投项目回款金额与时间周期，制作人员及演员不存在负面信息。符合上述要求的，可按照40%责任比例纳入再担保。

（三）小微专项

小微专项的被保证企业（或个人经营性贷款的用款企业）需符合小微企业划型标准。具体政策条件如下。

（1）小微专项中，单户总体融资担保债务规模不超过1 000万元（含）的，可按50%责任比例纳入再担保。

（2）小微专项中，凡不属于“科技创新专项”和“文体消费专项”且单户总体融资担保债务规模在1 000万~2 000万元（含）的，满足“大额项目条件”，可按照40%责任比例纳入再担保。

（四）帮扶专项

对于国家、北京市有特殊政策要求的或北京市出现区域性自然灾害等需要帮扶的企业，再担保公司将依据具体政策或结合实际情况，发布专项政策，专项政策内容包括但不限于提供较高比例再担保支持、减免再担保费、提供绿色审核通道等。

（五）存量项目的续贷续保

对于担保机构已经纳入再担保的业务，在不减少抵押资产价值或不会对追偿产生实质影响的情况下，担保机构可采取展期、续贷等方式，缓释业务风险；担保机构向再担保公司申报备案后，经再担保公司审核通过，再担保比例原则上可参照原纳入比例执行（债权人由银行改变为非银行金融机构的业务除外）。

再担保项目审核方式

再担保机构制定担保机构业务的审核方案时，需要综合考量对方的经营管理情况、业务政策导向、风控能力、在保项目质量、资本实力与代偿能力等因素，根据项目行业分布情况、额度大小以及再担保公司的政策导向，对项目纳入采取不同的审核方式。主要审核方式包括自动备案制、备案制及核准制。

一、自动备案制（批量备案制）

自动备案制也可以称为批量备案制，是指担保机构按照与再担保公司合作相关协议的要求，按一定的时间频率（如按月或按季度）将已放款业务相关信息批量报送给再担保机构。再担保公司原则上按照固定规则进行形式审核，审核通过后，将其纳入再担保范围并收取相应的再担保费。

二、备案制（单笔备案制）

备案制也可以称为单笔备案制，是指担保机构按照与再担保公司合作相关协议的要求，将每笔担保项目的相关信息及材料在放款前或放款后提供给再担保机构审核备案，包括调查评审报告、风控报告、评审会决议、财务报表等。再担保公司结合担保机构调查材料，对贷款企业资质、经营情况、财务状况以及担保机构调查情况进行审核评价，如有必要，也可对项目的相关情况进一步调查，最终形成单笔业务的再担保合作方案。

三、核准制

核准是指再担保公司对担保机构申请纳入再担保的担保项目进行实质性审核，担保机构向再担保机构报送企业完整的评审材料，包括债务人工商、司法、经营生产、财务、反担保等一系列基础材料以及担保机构评审材料，如再担保机构认为有必要，可要求主债务人提供补充资料，再担保机构独立对债项开展尽职调查工作，经再担保机构决策后，向担保机构出具《再担保函》并收取再担保费。

以北京再担保公司为例，担保机构需要提供的审核资料清单见表 1。

表 1　担保机构需要提供的审核资料清单

审核方式	序号	文件名称	要求	份数	备注
自动备案制	1	调查评审报告（电子版）		1	
	2	风控报告（电子版）		1	
	3	评审会决议（电子版）		1	
备案制	1	调查评审报告（电子版）		1	
	2	风控报告（电子版）		1	
备案制	3	评审会决议（加盖公章的复印件或扫描件）	加盖公章	1	
	4	上一年度及最近一期财务报表（电子版）		1	
	5	经项目评审会审议后超过 3 个月的需提供最近一期保后管理报告（电子版）等		1	
核准制	1	企业担保申请书（加盖公章）及电子版	加盖公章	1	
	2	公司营业执照	加盖公章	1	
	3	公司章程	加盖公章	1	
	4	公司法人代表身份证复印件及个人征信记录	加盖公章	1	
	5	公司近期征信查询记录，主要核算账户银行对账单	加盖公章	1	
	6	公司经营场所的产权证明或租赁协议的复印件	加盖公章	1	

续表

审核方式	序号	文件名称	要求	份数	备注
核准制	7	公司近3年的财务报表和近3个月的财务报表（资产负债表、利润表、现金流量表）和上年末及近期财务报表科目余额表	加盖公章	1	
	8	企业纳税单	加盖公章	1	
	9	主要购销合同	加盖公章	1	
	10	与申请再担保有关的其它材料	加盖公章	1	
	11	担保机构应提供内部评审资料	加盖公章	1	
	12	项目评审报告	加盖公章	1	
	13	风控报告	加盖公章	1	
	14	项目审批意见或评审会决议	加盖公章	1	
	15	担保意向函	加盖公章	1	如有
	16	（最近一次评审超过3个月的）最近一期保后报告；企业最近一期报表及科目余额表	加盖公章	1	

再担保项目审核流程

为了规范再担保项目审核流程的操作，提高项目审核的效率，有必要制定相应的操作流程。以北京再担保公司为例，通过再担保业务系统，基本实现了再担保项目审核操作流程的规范化和标准化。

一、自动备案制项目审核流程

（一）业务申报

合作担保机构在《再担保合同》有效期内，可对适用自动再担保要求的项目申请纳入再担保。担保机构应按照再担保公司对自动再担保的要求在规定期限将申请纳入再担保的项目清单按约定报送给再担保公司备案，并按照再担保公司的要求提交有关项目的电子版资料。

以北京再担保公司为例，担保机构每月 20 日前通过北京再担保公司业务系统“担保机构纳入申请管理 - 再担保纳入项目批量申请”模块，批量导入上月新增项目。担保机构申报业务数据通过系统校验后，即可导入系统完成申报；若业务数据校验未通过，也可导出错误信息，根据提示修改数据后，重新将其导入系统，完成业务申报。

（二）业务受理及评审

再担保公司业务部门项目负责人（业务 A 角）应在接到合作担保机构提供的资料后，按照双方合同约定进行形式审核，并填制《再担保函审批表》等审批文件，发起再担保审批流程，审批环节一般涉及业务部、风险管理部、法律合规部、其他决策人。

以北京再担保公司为例，再担保业务 A 角收到担保机构业务申报后，通过北京再担保公司业务系统“再担保纳入申请查询”模块导出担保机构申请纳入项目清单。通过“辅助开函管理”模块，系统对担保机构申报业务进行再担保规则、基金备案等规则校验并自动提示所属再担保专项、再担保比例及再担保收费开函信息，再担保业务 A 角参考业务系统给出的审核信息对担保项目清单进行审查；若系统提示错误信息，也可导出错误信息，根据提示修改信息后，可重新完成辅助开函校验。完成项目审核后，再担保业务 A 角通过“再担保函导入”模块上传拟开函项目明细表，系统会自动生成《再担保函审批表》《再担保函》《再担保信息一览表》等资料，再担保业务 A 角结合经验可在一定程度上调整修改。再担保业务 A 角在业务系统发起再担保函审批流程，相关审核人通过系统操作完成审核，再担保业务 A 角可随时跟踪审核流程。若担保机构填报项目信息存在错误，再担保业务 A 角可通过“再担保函管理－再担保纳入申请项目查询、退回”模块将错误项目退回担保机构修改单笔项目信息，担保机构修改后将自动更新至再担保函中；若担保机构申请信息中存在较多错误，再担保业务 A 角也可通过“担保机构纳入申请管理－再担保纳入申请查询”将申请批次内的全部项目统一删除，由担保机构修改完成后重新上传。

（三）确认再担保审核结果并收费

经再担保机构审批通过后，项目责任人出具再担保函或相关证明材料，交付给担保机构，作为担保机构申请备案结果凭证，并按约定的费率收取再担保费。

1. 收费

项目责任人收费时应填写收费凭证，提交财务管理部相关经办人。财务管理部经办人负责核对金额，向担保公司开具正式收款凭证（或发票）。

以北京再担保公司为例，担保机构完成缴费后，再担保业务 A 角通过“收费、退费管理－收费凭证添加”模块录入收费信息，相关审核人通过系统操作完成审核后，财务管理部即可根据系统信息开具收费发票。

2. 退费

由于特殊原因需要对担保机构退费的，再担保公司业务 A 角应填写《退费审批表》，并将与退费有关的文件一并报送至业务部门负责人、法律合规部经理、法律合规部负责人、总法律顾问、财务管理部经办人员、财务管理部负责人、主管财务副总经理、总经理、董事长逐级签批。签批完毕后，财务管理部经办人按照《退费审批表》中列明的开户行、户名、账号、金额等信息将款项汇出。业务 A 角应在担保机构收到款项后让对方开具收据，并将收据送交再担保公司财务管理部经办人。

以北京再担保公司为例，再担保业务 A 角也可使用“收费、退费管理－退费审批”模块发起退费审批，相关审核人通过系统操作完成审核后，财务管理部即可根据系统信息向担保机构退费。

（四）档案移交

对于已纳入再担保的担保机构，由再担保公司业务部门按照档案管理相关办法，整理纳入过程中的申请、审核资料，并移交给相关部门。

以北京再担保公司为例，系统支持各类电子审批文件及流程等的存储、导出。

二、备案制项目审核流程

（一）业务申报

合作担保机构在《再担保合同》有效期内，可对适用备案制再担保要求的项目申请纳入再担保。担保机构应按照再担保公司对备案制再担保的要求在规定期限将申请纳入再担保项目资料按约定报送给再担保公司备案，包括但不限于调查评审报告、风控报告、评审会决议、上一年度及最近一期财务报表等，如系双方约定的专项业务或关联方担保项目，应做特别标注。

以北京再担保公司为例，担保机构使用北京再担保公司业务系统申报备案制项目的系统操作流程与自动备案制项目基本相同，担保机构通过系统申请模块提交备案制项目相关材料。对于双方约定的专项业务或关联方担保项目，在业务申报表中予以标注。

（二）业务受理及评审

再担保业务部项目责任人（业务 A 角）应在接到合作担保机构提供的资料后，撰写《备案制项目审批表》，对担保机构提交的担保方案进行独立审核，并出具业务部门意见，发起再担保审批流程，审批环节一般涉及业务部、风险管理部、法律合规部、其他决策人，其中风险管理部、法律合规部就项目方案提出独立审核意见。对重大疑难问题或部门间意见不一致的问题，可形成多部门协商机制，按照公司相关制度流程提交上一级决策单位进行决策。

以北京再担保公司为例，再担保业务 A 角完成备案制项目审核后，通过再担保业务系统“项目新增”模块录入拟备案项目的基本信息，创建项目。

项目创建完成后，再担保业务 A 角在“备案制审批”模块添加《备案制项目审批表》及相关申请材料，系统会自动导入前期项目创建中已录入的基础信息。再担保业务 A 角在业务系统发起备案制项目审批流程，相关审核人通过系统操作完成审核，再担保业务 A 角可随时跟踪审核流程。

（三）确认再担保审核结果并收费

经再担保机构审批通过后，项目责任人可单独出具也可以随批量备案业务在固定期限统一出具再担保函或相关材料，交付给担保机构，作为担保机构申请备案结果凭证，并按约定的费率收取再担保费。收费、退费流程与自动备案制的相同，不再赘述。

（四）档案移交

对于已纳入再担保的担保机构，由再担保公司业务部门按照档案管理相关办法，整理纳入过程中的申请、审核资料，并移交给相关部门。

三、核准制项目审核流程

（一）业务申报

合作担保机构在《再担保合同》有效期内，可对适用核准制再担保要求的项目申请纳入再担保。担保机构应按照再担保公司对核准制再担保的要求在规定期限将申请纳入再担保项目资料（包括但不限于申请书、被担保企业的营业执照、产销合同、纳税报表、资质证明材料等基本资料以及担保机构尽职调查报告、风险管理报告、内部决策文件等内部评审资料）按约定报送给再担保公司。

（二）确定评审小组

再担保公司业务部门采取AB角双人评审制度，A角为项目主要责任人，对项目承担现场调查、评审、撰写评审报告，并出具《再担保意向书》及《再担保函》，必要时对核准制项目进行保后管理；B角为复核人，对项目承担协助现场调查以及评审报告复核责任。同时，风险管理部指定一名风控经理参与尽职调查及风控审核工作。

（三）尽职调查前准备

业务A角、B角和风控经理须精读合作担保机构提供的申请资料和企业基本资料。业务A角负责汇总主要问题、调查重点及合作担保机构需要补充的资料清单，做好尽职调查工作底稿记录，并以邮件或传真的形式向合作担保机构发送补充资料清单。

业务A角应根据业务组及合作担保机构人员的时间安排确定对企业实地调查的时间、地点和接待人员。

（四）尽职调查

业务组应会同合作担保机构或单独对申请企业进行实地调查核实，记录调查和核实的过程和要点。业务A角应对尽职调查做好工作底稿记录，如有需要，业务A角可根据实地调查情况要求申请企业再次提供补充资料。业务组应尽量减少调查次数，提高调查效率。

（五）评审流程

1. 业务部门评审

再担保公司业务 A 角根据企业、合作担保机构提供的资料和实地调查的情况等撰写《再担保项目评审报告》，并根据公司决策流程填写评审会审批意见表。业务 B 角根据资料和实地调查的情况等独立出具《B 角意见》，并在评审会审批意见表签署意见。业务 A 角将评审会审批意见表提交业务部门负责人审批，并按照公司评审会流程对评审会审批意见表逐级审批。

以北京再担保公司为例，再担保业务 A 角对核准制项目完成前期审核后，通过再担保业务系统“项目新增”模块添加拟准入项目的基础信息，创建项目。

再担保业务 A 角在“评审会管理”模块添加拟上会审议的核准制项目，并上传《再担保项目评审报告》及相关项目材料。

2. 风险管理部评审

风险管理部风控经理根据业务部门提供的资料和实地调查情况独立出具《风险审核报告》，在评审会审批意见表签署意见，并提交风险管理部负责人审批。

以北京再担保公司为例，风控经理可使用“评审会管理”模块对应添加拟上会项目的《风险审核报告》等相关材料进行评审。

（六）项目评审会集体审议

业务 A 角、业务 B 角根据项目评审会议程安排，在预定上会时间到达会场，汇报担保机构准入项目情况及评审意见并接受项目评审会委员的询问。评审会委员根据再担保公司项目评审委员会议事规则对项目发表意见，并最终形成项目评审会决议。

以北京再担保公司为例，上会项目一经系统创建，评审会委员即可通过“评审会管理”模块查看拟上会核准制项目的全部资料。项目人员根据系统提示的会议安排按时参加项目评审会。

会后，评审会秘书汇总形成《再担保公司项目评审会决议》并上传至系统，项目人员可导出对应项目的评审会决议。

（七）落实项目评审会决议要求

对项目评审会决议同意纳入的再担保项目，业务A角负责落实项目评审会决议要求，拟定相关文件。

以北京再担保公司为例，对于经评审会审议通过的核准制项目，再担保业务A角通过系统功能模块拟定《再担保意向书》，经系统完成审核后，向担保机构出具。

（八）出具《再担保函》

业务A角填写《再担保函审批表》，并发起再担保审批流程，审批环节一般涉及业务部、法律合规部、其他决策人，其中法律合规部就项目方案提出独立审核意见。

再担保业务A角使用北京再担保公司业务系统提交核准制项目开函审批的系统操作流程与自动备案制、备案制项目的基本相同。

（九）确认再担保审核结果并收费

经再担保机构审批通过后，项目责任人将再担保函或相关材料交付给担保机构，作为担保机构申请核准结果凭证，并按约定的费率收取再担保费。收费、退费流程与自动备案制流程相同，不再赘述。

（十）档案移交

对于已纳入再担保的担保机构，由再担保公司业务部门按照档案管理相关办法，整理纳入过程中的申请、审核资料，并移交给相关部门。

再担保业务 A 角使用北京再担保公司业务系统完成核准制项目归档的系统操作流程与自动备案制、备案制项目的流程相同。

再担保项目审核要点

一、备案制项目审核要点

针对备案制项目，再担保公司重点对合作担保机构提供的资料的完整性和真实性进行审查，必要时安排双人对被担保企业进行实地考察，以确认以下信息。

（1）被担保企业是否真实存在。

（2）被担保企业法人和实际控制人情况。

（3）关联公司情况，包括经营规模、负债水平等。

（4）被担保企业经营模式、技术优劣势及市场情况判断。

（5）财务情况，重点了解主要重大科目情况、盈利能力、现金流情况、负债水平。

（6）融资用途，分析融资规模合理性，判断企业还款来源。

（7）项目风险点及控制措施，判断担保项目风险是否可控。

（8）反担保设置及落实情况。

综合上述分析，给出结论性意见。

二、核准制项目审核要点

（一）企业资信状况分析评价

再担保公司应在取得中小微企业的授权下，委托合作金融机构登录“中国人民银行企业信用信息基础数据库”等查询中小微企业信用记录情况，可自行登录相关信息网站查询中小微企业有无被查处和被执行等信息，并抽调、核实企业与上下游客户之间合同的执行情况，了解其商业信誉。目前，比较常用的企业信用查询工具包括“天眼查”“企查查”“启信宝”等，对于有被执行人、失信被执行人及大额诉讼等信息，可以登录最高人民法院网站，进一步查询执行信息及裁判文书内容。必要时，可委托信用中介机构进行专项信用调查。

（二）历史沿革及经营业绩的分析评价

1. 关注中小微企业的历史沿革

通过审阅资料、实地访谈、向主管机构核实、网络信息查询等方式，了解其成立背景、股东构成、股权变更，特别是重大资产交易、重大股权交易及企业主营业务变化等情况，准确把握中小微企业经营发展的状况。

2. 分析评价中小微企业的经营业绩

通过审阅资料、实地调查、查询行业信息等技术手段，横向判断中小微企业在同行业中所处的地位，与同行业平均收入水平、利润水平进行比较，分析企业的经营优势、劣势及市场竞争力情况；纵向比较中小微企业近三年主营业务收入、成本及利润等核心经营业绩指标的变化情况，判断企业经营发展的趋势。

3. 分析评价中小微企业经营稳定性

（1）看其是否具有较为科学的公司治理结构及现代企业管理制度。

导致中小微企业经营不稳定的诱因有不正常关联交易、股东不正当占用企业资金、盲目上马项目、制订超出市场承受能力的经营计划等。

（2）分析判断中小微企业的主营业务是否突出，是否存在盲目扩大经营范围或短期经营行为的问题。

（3）中小微企业往往依附于某个大企业，为其提供配套服务，分析评价其经营稳定性时应主要分析其与上下游客户之间的关系，以及其所依赖的大企业经营状况的变化对其经营稳定性的影响。

（4）中小微企业股权关系和管理的稳定性也会对其经营稳定性造成重要影响。

（三）企业治理结构与经营管理分析评价

再担保公司通过审阅中小微企业提供的公司章程、管理制度并与企业高层管理人员进行访谈等方式，重点审查企业是否建立了规范的公司法人治理结构，股东会、董事会、监事会、经理层是否依法履行职责，是否形成高效运转、有效制衡的监督约束机制；企业内部各层级机构设置是否科学，人员编制是否恰当，职责权限是否明确，不相容的职务是否分开，业务流程设计是否合理，能否形成相互协调、相互制约的工作机制。从而对中小微企业治理结构的合理性、经营管理的规范性进行分析，客观评价中小微企业目前的经营管理状况对企业当前和未来竞争能力的影响。

（四）主要经营者的分析评价

在分析判断具体中小微企业融资担保可行性时，应与中小微企业主要经营者个人进行深入细致的沟通，了解其个人的学历背景、工作背景、专业素质、管理能力、对中小微企业的中长期发展思路等，在分析中小微企业财务因素前首先考虑主要经营者个人的因素。此外，主要经营者个人的信用状况对中小微企业信用意愿也有非常大的影响，因此在分析评价时还应充分考虑主要经营者个人对中小微企业的影响力、个人信用记录等情况。

（五）企业主营产品或服务的分析评价

分析评价中小微企业主营产品或服务时，应重点审核企业的盈利模式、企业主导产品（服务）的生产、销售、质量控制及市场占有情况，了解企业产品（服务）是否拥有不可替代的核心技术、是否具备较高的进入壁垒等，核实对企业生产经营活动、财务状况和经营成果具有重要影响的销售合同及订单，了解企业所处行业的现状及发展前景，分析企业未来发展所面临的有利和不利因素，了解企业是否制定短期、中长期战略发展规划，判断规划制定是否合理。从而对中小微企业主营产品或服务情况做出综合、客观的评价。

（六）企业经营产品所处市场环境及未来变化趋势的分析评价

（1）要分析主流企业的所有制形式、财务特点、经营状况及市场竞争格局。

（2）要分析市场供应与需求的状况及价格的变动趋势。

（3）要分析申请融资担保的中小微企业在细分市场的定位、所处市场地位、在竞争中的优势和劣势、产品市场占有率等。

（4）要分析中小微企业所处市场的增长空间、国家宏观政策和区域政策的支持力度、区域经济发展特点等。

（七）企业财务状况的分析评价

评价财务数据时，应分析中小微企业近三年及当期财务数据，结合行业水平判断中小微企业当前的财务状况，结合定性分析寻找财务指标变化的原因，并判断其未来变化趋势。主要从资产质量、营运能力、成长能力、盈利能力、经营现金流和偿债指标等方面加以分析。此外，成长性是中小微企业一个很重要的特性，是支撑企业未来发展的基础，因此在分析评价中小微企业财务状况时，对其成长性可赋予较大权重，并适当降低其他财务信息的权重。

（八）企业总体风险点及风险控制措施的分析评价

综合评价申请融资担保的中小微企业所面临的政策风险、行业风险、市场风险、融资担保主体自身的风险。一是客观分析申请融资担保的中小微企业是否存在政策风险，是否符合国家或区域产业政策支持的范畴；二是客观分析申请融资担保的中小微企业所处行业的发展周期、企业生命周期处于哪个发展阶段、企业主导产品的成熟度、未来市场竞争力等，全面评价企业的行业风险；三是客观评价中小微企业的原材料价格走势和供应可靠性、产品的供求和市场变化及价格走势等市场风险；四是客观评价中小微企业的组织体系风险、经营风险、财务风险等中小微企业融资主体自身的风险。根据以上风险的分析、判断，对中小微企业总体风险点进行客观评价。结合以上风险点，采取有效的风险防范与控制措施。

（九）企业担保额度和担保期限的设定

将中小微企业真实的融资需求、经营规模、抗风险能力、还款来源等因素作为设定融资担保额度的依据。其中经营规模包括中小微企业的主营业务规模、资产规模、现金流量等，抗风险能力即指中小微企业抵御风险并保持持续经营的能力，还款来源即指中小微企业在融资担保期内正在执行或将要执行的合同、订单预期可产生的主营业务收入。此外，应根据申请担保的中小微企业的经营状况、融资金额、经营周期、还款资金来源等因素综合设定融资担保期限。原则上，对于一年以上的项目，应主动与合作银行配合，要求申请企业制订分期还款计划。

（十）反担保设置要求

反担保是担保机构在操作具体融资担保业务时，有效控制信用风险的第二道防线。再担保公司应着重从反担保方式的核心性、价值性、控制性、变现能力等方面审核反担保措施是否合理。应针对具体担保项目情况，设计组合反担保措施，包括但不限于土地及房产抵押、设备抵押、国债及有价证券质押、股权质押、知识产权质押、存货质押与监管、应收账款质押、未来收益权质押、土地租赁权及摊位承租权的有效监控等。再担保公司还应主动与合作银行配合，采取账户封闭监管（用款监管及回款监管）、受托支付、分次还款等风险措施，有效防范并控制风险。

（十一）结论性意见

综合以上分析，再担保公司根据担保机构的担保方案，向其反馈是否同意纳入再担保的意见。如果同意纳入，应约定具体再担保纳入金额及再担保比例，必要时增加纳入条件。

再担保业务评审考察实务

根据再担保业务风险管理的实际需求，例如在批量产品设计和担保金额较大时，应当有的放矢地深入考察项目风险因素，下文将结合担保实践详细介绍考察过程。这一过程不仅要求我们对单个项目的风险进行精准评估，还应站在宏观角度从整体把控项目风险。通过全面分析项目的行业特性、市场前景、企业资质、还款能力等多维度信息，我们能够更加准确地识别潜在风险点，并制定相应的风险防控措施。

一、市场风险

近年来，受宏观经济下行、产业结构调整等多重因素影响，一些行业领域中小微企业经营出现经营困难，市场不确定性风险持续加大，包括市场需求不足、收入下滑、成本上升、利润减少或亏损、收现质量下降、负债规模增加、经营场所变迁等，导致企业经营基本面持续恶化，担保机构介入这些行业领域融资担保业务发生代偿风险的概率比较大，应引起高度重视。有些行业需要有条件限制性介入，有些行业则应完全禁止介入，以防系统性风险的发生。

（一）存在严重产能过剩的行业

受经济波动、产业结构与政策调整以及盲目建设、重复建设、国际产品或原材料价格变动等多重因素影响，部分行业领域从事生产与经销的企业普遍面临需求萎缩、产能过剩、利润下滑或亏损等经营困境。同时，这些企业往往产品更新换代滞后，产品同质化强，企业缺乏核心竞争力。对于这样的企业需要通过减产、关闭、转型升级等方式才能解决其所处行业领域产能过剩的问题。对于较为庞大的产能过剩行业，必须谨慎进入，原则上不再为这类企业提供融资担保，同时要强化反担保措施，还要对企业的货物流与现金流实施有效的监管，防止贷款资金被挪作他用。

（二）受下游产业需求或支付能力影响较大的行业

对于下游客户集中的企业，应关注其主要服务的客户所属行业的运行情况，这对于企业产品或服务需求、价格以及现金流有重大影响。下游产业出现整体下行，企业往往会出现订单下滑、应收账款大幅增加且账期延长、质量下降的情况，导致资金占压问题突出，如果不能有效回收应收账款，继续盲目扩大市场规模，最终可能引发资金链断裂的风险。因此，对这类企业的下游客户类别、支付意愿和支付能力等必须做出相对准确的判断，从以下角度考虑、分析企业融资及还款方案是否合理。

首先，贷款资金应该是用于帮助企业取得能促使其现金流改善的业务，不能用于继续扩大现有的垫资业务，更不能用于弥补经营方面的亏损。

其次，企业要安排专人处理历史上形成的不良应收账款且取得实质性进展，回款可基本覆盖企业管理费用支出。

最后，可以设计个性化的担保贷款和回收方案，在保持企业正常经营的情况下，监管销售回款的使用提高贷款资金安全回收的可能性。

二、信用风险

从近年企业发生的违约风险案例看，除外部市场环境影响外，企业自身在治理结构、经营管理、财务管理、总负债规模控制以及经营者个人等方面存在的问题是引发违约风险的重要原因。

（一）法人治理结构风险

从现有发生风险代偿项目情况看，企业在治理结构层面最容易出现的问题主要集中在以下几个方面。

1. 所有权与经营权不分，决策盲目性和随意性大

一些中小微企业盲目转型、盲目投资，财务管理不规范、收支随意、缺乏计划性，借贷随意等问题均源自缺少有效的制衡。

2. 股权结构设置不合理

中小企业通过股权改制、引进战略投资人想要上市，但引入战略投资人并形成利益共同体，会出现以下几种情况。

（1）把注意力集中在对赌、短时间内做出业绩上市方面，导致企业盲目扩张，造成垫资业务大幅度增加、回款周期加长、回款质量下降。

（2）对赌到期，投资人要求溢价退出。

（3）以股东层与初创人为代表的经营层之间在公司发展方向和经营管理等方面产生巨大矛盾和分歧，导致企业正常经营受到严重影响。

对于治理结构中存在的股权结构问题，首先，要比较其他投资人进入后对企业经营指标要求是否合理，是否会超出企业财力、人力和管理驾驭能力等范围；其次，要求其他投资人承担第三方连带责任，强化对其短期行为的约束力；再次，加强保后管理的监控力度，随时掌握了解企业治理结构层面发生的异常变动情况，防止因股东之间的矛盾导致企业经营的失败。

3. 频繁变更股东和高层管理人员

企业频繁更换股东和高管有可能是出于以下几个目的。

（1）企业发展较快，采用引进新投资人、风险投资等方式完善股权治理、增加实力，最终走向资本市场。

（2）通过收购、兼并与重组等资本运作方式扩展产业链、扩大业务规模。

（3）通过调整股东与股权结构，达到满足行业准入条件或享受优惠政策的目的（例如，通过引入国有股，达到进入一些受行业准入条件限制的业务领域）。

（4）行业不景气、企业自身经营方向发生变化导致经营不善、难以为继，被迫联营或被其他企业兼并。

（5）职业经理人或不能胜任或对企业经营理念、管理和机制不满意，导致人才流动性大。

（6）转移资产和利润，通过关联交易逃废债务。

除了前三种情况外，企业几年内多次易主、频繁变换股东和高管人员一是说明企业的主业不突出、稳定性不足，二是一定程度上反映出企业经营发展出现重大问题，三是说明企业存在通过变换股东达到逃废债务目的的可能。

（二）经营管理风险

经营管理的好坏决定了企业是否可持续性发展，尤其是在经济下行时期，经营管理不善会加速企业经营的失败，因此必须引起高度关注。企业经营管理方面的风险主要如下。

1. 短期趋利行为严重，随意挪用贷款资金

从客观上看，一些企业的收入利润下滑，导致其不得不转型，是可以理解的。但是，要了解其转型的方向是不是风险更大、企业完全不擅长且需要资金投入更多、回收更慢的业务领域。

从主观上看，一些企业经营者不能坚守主业，随意改变企业经营方向，随意挪用贷款资金；对外部经济环境和政策变化了解不够，盲目投入，扩大规模或盲目转型，要仔细核实、分析与判断其贷款的真实用途，防止贷款资金被挪作他用。

2. 在生产经营各环节缺少计划性与前瞻性，资金安排不合理，销售政策过于激进且收账管理不到位

企业偿债风险部分原因是在其整个生产经营的各个环节上缺乏有效控制与管理，资金安排缺乏合理性，导致资金链紧张。

在上游采购环节上，缺乏计划性与合理的资金安排，忽视自身的资金状况和收现状况，忽视对库存的有效管理和对未来市场需求变化预判，盲目地进行集中采购，造成采购货物积压和资金的占压；在生产环节上，不注重生产成本控制、质量控制和订单控制，造成生产过程中浪费现象、产品质量和库存积压等问题的发生；在下游销售环节，盲目扩大销售规模，对下游客户给予的赊销信用条件过于宽松，账期过长且缺乏后续有效的商账管理，形成大量不良应收，导致资金占压问题严重。

3. 缺少有效的制度和机制，管理的随意性很大

受企业发展阶段、治理结构不完善和主要经营者素质和能力的限制，许多中小微企业缺少有效的内部管理制度和机制，管理的随意性非常大，甚至比较混乱。虽然建立了管理制度和机制，也设置了相应的组织机构，但在执行上基本还是靠人治为主。这导致经营管理的好坏完全掌握在企业经营者个人身上，给企业长期发展带来不利影响。

对于初创期的中小企业，看其管理是否有效主要是判断实际控制人的素质和能力；对发展到一定阶段的中小企业，对其管理制度和机制有效性的分析判断是十分必要的，否则，企业可持续性不强，融资安全性也会减弱。

（三）财务管理问题

企业的财务管理有效与否直接影响企业的正常经营活动，也会对投融资机构准确把握其整体经营管理状况产生影响。在对企业进行财务审核时，应对以下几个方面做重点核实、分析和判断。

1. 会计处理随意或有意隐瞒、调整有关事项

在资产方面，重点关注企业应收账款、其他应收账款、存货、应付款、其他应付款、资本公积、盈余公积和未分配利润等科目近几年和近期的变化情况，特别是要关注这些科目可能存在的虚增、虚减问题。

在损益方面，重点关注虚增销售收入、虚开发票作应收账款处理、销售收入提前全额入账，虚增当期收入和利润以及虚设折扣折让事项调节销售收入等信息失真问题。

2. 成本管理随意或有意违规处理重要事项

重点关注企业通过待摊与递延资产多摊或少摊、折旧多提或少提等手段增加或减少当期相关成本费用；将材料成本差异科目当成调节成本的蓄水池；有意增大产成品成本、减少在产品成本等问题。特别是要关注企业通过上述手段掩盖实际亏损、夸大经营业绩的问题。

3. 分配无制度，坐支、无序支出、违规支出

应重点注意企业以各种手段扩大工资总额、扩大福利费；多计或少计租金、借款利息、保险费、大修费；超额向投资人分配利润；在其他应付款科目中隐匿各种收入或虚列费用等问题。

4. 融资目的与债务问题

企业在经营发展过程中通过负债融资手段获取资金支持是十分必要的。但是，其负债融资目的是否合理、负债融资额度是否与其资产状况和管理控制能力相匹配，决定着企业负债融资的风险大小。因此，在为企业提供融资担保时，深入了解企业真实的贷款用途、额度以及制定相

应的控制措施是保证贷款安全回收的重要保障。

三、操作层面风险

再担保业务实操中，一方面需要了解合作担保机构底层资产质量；另一方面通过日常担保机构业务准入审核，分析合作担保机构评审过程、决策思路，也十分重要。具体可以从以下几个方面进行考量。

（一）客户准入条件把握不到位

这一问题主要出现在担保机构选择目标客户方面，亦即盲目将市场风险相对比较集中的行业和信用风险比较集中的企业纳入服务范围，引发后续风险的出现。要根据前述市场风险与信用风险的重点提示，将容易出现风险高发的行业、企业和企业主排除在融资担保业务范围之外，避免系统性风险的发生。

（二）产品设计开发存在风险漏洞

担保机构产品开发主要是为了吸引更多的优质客户，通过设计准入标准、条件和操作规程，使产品能形成标准化、批量化和规模化的业务，在控制风险前提下扩大担保业务规模。总结以往开发的产品，有一些需要引以为戒的教训。

（1）选择的目标客户所处的行业和自身的信用状况是担保机构设计的产品能否得以实施并取得实效的核心环节。如果设计的产品是针对市场风险高发的行业和/或针对信用风险高发的客户，其结果或是开发的产品推动不下去，或是规模上去了但风险集中出现。担保机构设计实施产品的失败有审核与监管不到位、急于求成等多方面的主客观原因，但是没有从入口处把好准入关是最核心的问题。

（2）简单地以流水、纳税收入等未经仔细核实确认的数据倒推企业融资额度和偿还能力，忽视了对企业产品或服务所处市场环境背景的研究分析，忽略了信息不对称，这些始终是担保机构需要解决的永恒主题，结果是贷款资金的挪用、企业债务的高企和不良问题的发生。

（3）产品创新中忽视关键风险点的审核与控制以及保后持续的跟踪与管理等，丧失了风险管理的主导权。

（三）不重视“总负债”管理

结合业务实践来看，“多头融资”“过度融资”是许多企业面对外部政策、市场环境变化或内部生产经营出现突发情况或资金链断裂的重要原因。担保机构在评审调查及决策过程中，应结合企业目前的生产经营情况及后续经营、投资计划，判断企业资金缺口，了解分析可抵押资产情况，评估企业可承受的负债总额范围。通过保后跟踪，规避企业“过度融资”带来的风险。

担保机构业务总体评价

一、业务分布情况

主要包括担保机构在保项目的行业分布、客户分布、区域分布、品种分布、额度分布、期限分布以及银行分布。

如果担保机构的在保项目过于集中在风险高发的行业领域，客户过于集中在履约意愿低下的群体和区域，品种过于集中在易于发生违约的类别，额度过于集中在一些大项目，期限普遍过短或过长，只与某一家金融机构合作或重点合作的金融机构业务水平和素质较为低下，基本可以断定其在保项目质量不高，易发生系统性风险。

二、在保项目的风险分级分类

再担保机构可以参照担保机构的在保项目风险分级，并根据自己采集的数据做出相对准确的分析判断。在借鉴担保机构在保项目风险分级分类时，要事先充分了解担保机构风险分级分类的制定标准与划分依据，从中把握在保项目的质量及风险，特别要注意一些担保机构的风险分级分类是否引入了银行的分级分类方法，亦即关注在保项目的抵押资产质量和最终损失。这种方式在担保机构风险项目对应其风险拨备和本金属于小概率事件时是可行的，但如果属于大概率事件时，则存在较为严重的问题，尤其是当担保机构的放大倍数超过其净资产几倍时，问题则更为严重。因为这种分级分类方式会误导担保机构过于看重抵质押物和所谓的最终损失，而忽略了对在保项目的过程跟踪管理，弱化了及时化解处置风险的能力，任由风险项目发生代偿而最终导致担保机构丧失代偿能力。所以，必须依据项目在保期间是否会发生代偿风险予以排查，而非依据在保项目的反担保抵质押物是否充足做出风险判断。在分析判断担保机构在保项目风险时，应该特别关注担保机构通过自有资金或通过第三方过桥资金维持续贷的项目，要根据项目所处行业、未能自主偿还上笔债务的主因以及企业可持续经营能力等多方面因素综合判断项目的代偿风险，防止担保机构运用技术手段将代偿风险延后的问题。

作为担保机构风险防范的最后一道防线，反担保设置具有非常重要的意义。因此，在对担保机构在保项目风险分级分类过程中，对其在保项目的反担保物质量、覆盖额度、抵押登记手续的完整性、有效性以及处置难易程度也应给予总体的判断与把握。

三、历史与未来代偿及代偿率分析判断

根据担保机构披露的历史代偿数据和通过对担保机构在保项目的风险分级分类，推断其未来一年可能出现的代偿及代偿率，比较历史与未来的代偿额与代偿率，分析判断担保机构的总体风险是趋近于相对好转、相对平稳，还是进一步恶化，结合对其项目分级的分析，判断风险是否暴露充分，并从中把握担保机构在项目的行业准入、客户选择、项目审核以及保后管理等方面的风险管理水平与能力。

四、未来目标客户市场和业务调整方向

通过对担保机构在保项目的风险分级分类和代偿分析，明确其未来在客户行业选择、客户选择、单笔额度控制、品种结构、银担合作以及其他影响项目质量等方面应做出的必要调整。

再担保业务的代偿补偿及追偿返还操作

目前，再担保公司的绝大部分业务为比例再担保业务，因此，本部分主要介绍比例再担保业务的代偿补偿及追偿返还。

一、再担保代偿补偿

（一）再担保代偿补偿流程

对于债务人不能按期履行偿还义务的项目，担保机构应先行及时履行代偿责任，按月汇总并通知再担保公司。担保机构代偿后可按季度向再担保公司提出代偿补偿申请，并提交相关资料，包括但不限于再担保代偿补偿申请、主债权人代偿通知函、代偿证明、项目评审资料、项目主合同、再担保函等。

以北京再担保公司为例，担保机构通过北京再担保公司业务系统“代偿补偿追偿管理”模块申请补偿项目，并上传申请材料。系统自动匹配担保机构的系统申请、项目开函及缴费情况等信息校验项目是否满足国家融资担保基金、西城区发展改革委等相关机构的补偿条件，并向再担保项目负责人提示相关信息。

再担保业务部门项目负责人负责审核担保机构的申请材料，到担保机构进行走访调查，形成再担保代偿补偿报告并出具代偿补偿审核意见，提交部门负责人审阅。部门负责人审阅并签字后，连同其他申请材料报送法律合规部审核。

法律合规部审核岗对代偿补偿审核意见及担保机构提交的申请材料进行审核，出具审核意见，提交部门负责人审阅，报公司项目评审委员会审议。

再担保项目负责人结合系统提示开展项目复核，在完成申请材料审核及走访调查后，通过“代偿补偿项目录入”模块创建拟补偿项目基础信息，导入项目的审核报告。

完成项目录入后，再担保项目责任人使用“评审会管理”添加上会项目，并通过系统上传上会报告等相关材料。法务审核岗也可对应添加拟上会项目的法审报告等相关材料。

公司项目评审委员会审议通过后，项目责任人依据决议，按照公司关于代偿补偿管理的相关规定及程序和《再担保函》约定的再担保责任比例向担保机构支付代偿补偿款。

上会项目一经系统创建，评审会委员即可通过“评审会管理”模块查看拟上会代偿补偿项目的全部资料。相关项目人员根据系统提示的会议安排参加评审会。

会后，评审会秘书汇总形成《再担保公司项目评审会决议》并上传至系统，项目人员可导出对应项目的评审会决议。对经公司项目评审委员会审议通过的代偿补偿项目，再担保项目负责人通过“代偿补偿支出审批”模块创建代偿补偿项目支出审批，系统自动带入项目的补偿信息，再担保项目责任人确认无误后可直接发起备案制项目的支出审批流程，相关审核人通过系统操作完成审核，再担保项目负责人可随时跟踪审核流程。

待支出审批流程结束后，财务管理部即可根据系统内的支出信息向担保机构拨付代偿补偿款。

以北京再担保公司为例，担保机构需要提供的申请审核资料清单见表2。

表2 担保机构需要提供的申请审核资料清单

序号	文件名称	要求	份数	备注
1	代偿补偿申请书	原件	1	必备
2	项目评审报告、风控报告（历次）	复印件加盖公章	1	必备
3	项目评审意见、评审会决议（历次）	复印件加盖公章	1	必备
4	债务人身份证明（如营业执照、居民身份证等）	复印件加盖公章	1	必备
5	按照本合同附件二释义要求能证明放款日期和到期日期的凭证，包括借款凭证（借据）等	复印件加盖公章	1	必备
6	借款合同	复印件加盖公章		必备
7	委托担保合同	复印件加盖公章	1	必备
8	保证合同、担保函	复印件加盖公章	1	必备
9	反担保合同、反担保登记证书	复印件加盖公章	1	必备
10	再担保函	复印件加盖公章	1	必备
11	主债权人代偿通知函	复印件加盖公章	1	必备
12	代偿证明（支付单据及债权人出具的代偿确认函）	复印件加盖公章	1	必备
13	公证处执行证书	复印件加盖公章	1	如有
14	提交法院申请执行书	复印件加盖公章	1	如有
15	和解协议、还款协议、还款承诺	复印件加盖公章	1	如有
16	追偿报告	复印件加盖公章	1	如有
17	对触发预警规则的业务，需提供申诉报备佐证材料	复印件加盖公章	1	如有
18	对归还转贷资金的业务，需提供可证明转贷资金与申请纳入的新贷款、旧贷款之间关联关系的材料	复印件加盖公章	1	如有
19	需要抽查的其他资料			如有

（二）再担保代偿补偿审核要点

（1）确认各种合同各方主体是否准确无误。

（2）债权人及/或担保机构是否充分履行《借款合同》《保证合同》《再担保合同》等合同约定的各项义务。

（3）主张债权时间是否超过责任期限。

（4）债权人或担保机构是否未经公司书面允许擅自变更主合同、委托保证合同及反担保合同等法律相关文件。

（5）债务人、债权人是否存在恶意串通、骗取担保机构提供担保的情况，或违反诚实信用原则故意 / 过失导致发生代偿的情形。

（6）担保赔付的范围及金额。

（7）确认代偿、补偿金额是否符合合同相关限额规定。

（8）是否存在免责条件。

（9）其他应查明的程序性及实体性相关事项。

二、再担保追偿返还

（一）再担保追偿返还流程

担保机构应采取一切必要措施对代偿项目进行追偿，并按季度向再担保公司通报代偿补偿项目追偿处置情况。对代偿项目追偿所得，扣除必要的追偿费用后，双方按《再担保函》约定的再担保责任比例进行分配。

担保机构获得追偿款后可按季度向再担保公司提出追偿返还申请，并提交相关资料，包括但不限于再担保代偿补偿对账单、追偿费用等相关凭证。再担保业务部门项目负责人负责审核担保机构的申请材料，审核后报送法律合规部、财务管理部。法律合规部审核岗对担保机构提交的申请材料进行审核，财务管理部对返还金额进行审核。各方审核无误后，双方按《再担保函》约定的再担保责任比例进行分配。

以北京再担保公司为例，担保机构通过北京再担保公司业务系统“代偿补偿追偿管理”模块提交追偿返还申请，并上传相关材料。系统自动匹配担保机构的历史补偿、追偿回款、追偿费用等信息进行核对，并自动计算拟向国家融资担保基金、市小微风险补偿资金等相关机构的返还金额。确认无误后，再担保项目负责人即可通过线上系统进行确认。

在收到合作担保机构的追偿返还款后，再担保项目负责人使用“追偿返还确认”模块导入回收项目信息，并发起追偿返还款的确认审批流程，相关审核人通过系统操作完成审核，再担保项目负责人可随时跟踪审核流程。

（二）再担保追偿返还操作要点

再担保代偿补偿业务应当按照《再担保合同》的约定，要求担保机构定期反馈追偿进展情况，并与担保机构核实追偿回款金额。担保机构在取得追偿回款后应当按照《再担保合同》约定向再担保公司分配追偿所得。原则上，对补偿类再担保项目的追偿全部所得，在扣除经再担保公司认可的必要合理追偿费用后，再担保公司与担保机构按照各自债权所占比例进行分配。根据担保机构的不同，对追偿分配方案进行差异化设计。

如发现担保机构怠于行使对被担保人的追偿权或放弃追偿的，在符合《再担保合同》约定的情况下，可以要求担保机构将其对被担保人的债权无偿转让给再担保公司，并有权以再担保公司名义进行追偿。

三、损失核销

担保机构对于追偿时效已过、追偿线索已断且债务部分或全部未能收回的代偿项目，经双方对代偿金额、代偿补偿损失金额确认并报董事会及相关部门批准后，按各自内部核销程序和所承担的责任比例予以核销。

合作担保机构管理

明确再担保机构自身定位

在选择再担保业务的合作担保机构之前，再担保机构要统一思想，不能简单地将再担保机构理解为只是开展再担保业务的机构，而是要从体系建设的层面去认识和理解再担保机构，确定自身的定位，只有这样再担保机构才能明确使命与愿景，清楚再担保机构存在的原因和期望实现的长远目标，并制定合适的合作策略。就再担保业务合作担保机构而言，再担保机构与之合作是在自身定位、目标指导下的行为。

再担保是融资担保体系建设的重要环节，是国家扶持融资担保行业可持续发展的重要制度安排，具有准公共产品属性，是融资担保机构分散和缓释风险的重要途径，是多级公共财政共同解决小微企业融资难、融资贵的重要手段。在本书中，所称再担保机构是经监督管理部门批准设立，承担融资担保体系建设职责，不以营利为目的，坚守准公共定位，专注发展普惠金融，为融资担保体系提供增信、分险的融资再担保公司。

因此，再担保机构选择和评价合作对象都要围绕上述内容开展，评估合作担保机构的定位和目标是否与再担保机构相契合，是否共同致力于解决小微企业融资难、融资贵问题，考察合作担保机构的风险管理能力、专业素养和业绩记录，以确保其具备承担担保业务的能力，符合再担保支持的领域，并适时调整再担保支持政策。

合作担保机构的选择思路

再担保机构的职能主要是为担保机构提供再担保服务，分散和降低担保风险，进而更好促进担保机构服务小微企业和“三农”。要实现这一目标，选择合适的合作担保机构至关重要。当再担保机构选择合作担保机构时，其选择过程可以呈现为一种层层递进、逐步深入的分析和评估。具体可以分为以下几个阶段。

一、初步筛选阶段

在这个阶段，再担保机构会根据一些基本条件和要求，对潜在的担保机构进行初步筛选。特别是在辖内担保机构数量多、分布广，再担保资源有限时，再担保机构从自身定位和需求出发，根据自己的需要和政策目的预先设定合作标准，初步筛选出符合条件的合作担保机构，排除那些明显不符合合作要求的担保机构，缩小选择范围。这个阶段，通常设定的初步筛选标准如下。

（一）合作担保机构能坚持聚焦主业

合作担保机构的融资担保业务应聚焦服务小微企业、“三农”和创业创新领域；同时也应思考再担保机构是否仅服务于政府性融资担保机构，或者有能力扩大覆盖面，为非政府性融资担保机构的政策性业务提供再担保支持。对于政府性融资担保机构，一般还会要求当年新纳入再担保合作的单户 1 000 万元及以下支小支农融资担保业务金额占全部新纳入合作的融资担保业务金额比例不得低于 80%，其中单户 500 万元及以下业务金额占比不得低于 50%。

（二）合作担保机构努力降低融资成本

合作担保机构为企业提供担保服务时，能够发挥关键作用，帮助降低融资主体的综合融资成本。通过保持担保费率的较低水平，合作担保机构可以减轻企业的负担，使其在获得融资时能够以更低的成本获得所需资金。

（三）持续做好经营管理和风险管理

合作担保机构良好的风险管理能力是再担保合作的基础和关键，要加强自身的能力建设，按照信用中介的内在要求，经营好信用、管理好风险、承担好责任，提升实力和信誉，做好风险管理，将长期代偿率、净现金流、净利润等保持在合理区间。

（四）积极推动银担分险合作

合作担保机构与再担保机构应努力构建政府、银行、担保机构三方风险共担机制，持续推动建立政府风险补偿机制，积极落实银担分险机制，有效提高合作业务风险管控水平。

（五）坚持廉洁底线

坚守廉洁底线是担保机构在经营活动中必须遵循的重要原则。对于合作担保机构而言，这一点尤为重要。为了确保合作担保机构在业务运营中始终坚守廉洁底线，必须严格落实中央八项规定精神，将其融入日常工作中。同时，合作担保机构应当严格践行廉洁自律各项规定，这是对内部员工的要求，更是对整个行业的责任。通过共同营造合规、廉洁的行业文化，合作担保机构可以树立良好的行业形象，赢得市场的信任和尊重。在这样的文化氛围下，合作担保机构能够更好地履行其职责，为企业提供更加优质、高效的担保服务。

二、深入评估筛选阶段

在初步筛选的基础上，再担保机构会对担保机构进行深入评估。这个阶段会涉及对担保机构的基本情况、股权结构、财务状况、风险管理能力、业务合规性等方面进行详细的分析和评估。通过深入评估，再担保机构可以更加全面地了解担保机构的实力和潜力，为后续的合作决策提供更加准确的依据。

同时，在实践中发现担保机构的个体差异明显，再担保机构有能力实现精细化合作管理时，应更注重市场环境和担保机构的实际情况，收集拟合作担保机构的运营数据和信息，逐一甄别个别情况，理解他们的业务模式、经营状况和风险管理情况，根据机构发展目标，对不同背景的担保机构进行有针对性的分析，找出合作担保机构自身的特点，有利于提供一定程度的个性化再担保服务，也有利于在合作管理时防范风险。

政府性融资担保机构通常有政府背景，赋予了较强的财政政策属性，受地方政策影响较大，因此再担保机构要更关注相关政府及政策的支持力度，包括政策导向、资金注入、风险补偿、保费补贴奖励等方面。同时，政府性融资担保机构承担一定的公共服务职能，具有准公共产品属性，所以需要关注其在服务小微企业、支持实体经济等方面的表现，以及落实政策要求的情况。

非政府性融资担保机构多数是政策性与商业性的混合型，它们既有政府背景，又有盈利指标要求。在合作分析中，要考虑其如何在政府导向和市场需求之间实现平衡，既承担社会责任，又保持商业可持续性，是否能有效利用政府支持、政策优惠等，同时又能发挥市场机制，在业务模式上进行一些独特的尝试和创新，实现资源的最优配置。

三、最终决策阶段

在完成初步筛选、深入评估后，再担保机构会进行最终的合作决策。在这个阶段，再担保机构会综合考虑之前的分析结果，选择那些最符合自身合作目标和战略定位的担保机构进行合作。同时，再担保机构还会与选定的担保机构进一步协商和谈判，明确合作的具体内容、合作方式、风险分担比例等细节。

合作担保机构的评价

作为经营风险的再担保机构要将合作担保机构的评价与管理放在首位，将其作为再担保机构的工作核心。只有做好合作担保机构准入前的评价和准入后的管理工作，再担保机构才能在保障自身经营安全的同时，为促进中小企业发展提供更有效的再担保服务，这需要再担保机构具备深厚的风险识别、评估和管理能力。再担保对合作担保机构评价的要点如下。

一、基本情况考察

从担保机构设立情况、历史沿革情况、股东的出资情况、重大股权变动情况、主要股东情况、员工情况、独立性、信用情况等八方面，对申请准入再担保体系的专业担保机构进行基本情况考察。

（一）担保机构设立情况

考察担保机构的设立程序是否合法合规，是否经过相关部门的批准并持有有效的营业执照。同时，关注担保机构的注册资本、资产比例、单户集中度、放大倍数等是否符合监管要求，并关注其资本实力与业务规模的匹配程度。

（二）历史沿革情况

了解担保机构的成立背景、发展历程和业务变化情况。通过对历史沿革的了解，评估担保机构的经营稳定性和发展潜力。

（三）股东的出资情况

详细核查担保机构股东的出资额、出资方式、出资时间等信息，确保股东出资真实合法，并符合监管要求。关注股东出资是否存在抽逃资金、虚假出资等问题。实践发现，抽逃资金、虚假出资等是担保机构长期存在的严重问题，主要源于两方面原因：一是抱着投机和“空手套白狼”的心理设立担保机构，注资从一开始就不实；二是对融资担保的本质特性不了解，贸然进入后发现与获取高额回报的目标相差甚远，因此逐步将注资撤出。对此，再担保机构需要关注和核实现有资金情况。

（四）重大股权变动情况

了解担保机构历史上的重大股权变动情况，包括股权转让、增资扩股等。评估股权变动对担保机构经营稳定性和治理结构的影响。

（五）主要股东情况

深入了解担保机构主要股东的背景、实力和业务布局，评估主要股东对担保机构的支持力度和协同效应。

（六）员工情况

了解担保机构的员工数量、素质、专业结构等情况，评估担保机构的团队能力和人力资源对业务发展的支撑程度。

（七）独立性

考察担保机构在业务、人员、财务、决策等方面的独立性。确保担保机构能够自主决策、独立开展业务，并有效防范关联交易和利益输送风险。调研发现，有的市县级机构经营中容易受到行政干预，可能影响机构的自主权、风险管理和运营效率。

（八）信用情况

通过查询征信系统、了解市场口碑等方式，评估担保机构的信用状况。关注担保机构是否存在不良信用记录、违约行为等问题，并评估其偿债能力和履约意愿。

二、高管人员考察

再担保机构重点考察拟合作担保机构高管人员任职资格及任职情况、工作经历及行为操守、胜任能力和勤勉尽责、薪酬、兼职以及对外投资等情况，并要求担保机构如实提交报告期内高管人员变动情况。具体考查内容如下。

（一）任职资格及任职情况

核实高管人员是否具备相关法规规定的任职资格，如特定行业的从业经验、专业资质等，并对其在担保机构的任职情况进行确认，确保信息真实有效。

（二）工作经历及职业操守

详细了解高管人员的工作历程，特别是在金融、担保等相关行业的工作经验。同时，对其职业行为操守进行评估，确保其在过往职业生涯中没有不良记录。

（三）胜任能力和勤勉尽责

通过访谈、调查等方式，评估高管人员对担保业务、风险管理等方面的认知和能力。同时，考察其在过往工作中是否能够勤勉尽责，以及创造实质性价值。

（四）薪酬

了解高管人员的薪酬结构、水平，是否与担保机构的经营状况和市场规模相匹配，并符合行业惯例和管理要求。

（五）兼职以及对外投资情况

对高管人员在其他单位兼职和对外投资情况进行调查，确保其兼职和对外投资不影响在担保机构的正常工作，并防范可能产生的利益冲突。

最后，再担保机构要求拟合作担保机构如实提交报告期内的高管人员变动情况，以便更全面地了解担保机构的管理团队稳定性和变化情况。

在这个过程中，要重点关注所有者与经营者之间责权利关系不清问题；或是股东干预担保机构经营方面的细节，以股东或老板自居，违反正常操作规程，直接插手经营和项目决策；或是股东疏于有效管理制衡，使得担保机构完全被急功近利、追求短期行为的职业经理人“内部控制”。

此外，也有选人、用人不当的问题。如果一家担保机构股东会、董事会聘用的董事长、总经理和高管团队缺乏对融资担保行业运行规律和内外部环境的深刻认知，缺乏对公司整体经营发展战略目标正确方向的把握，缺乏有效的执行力和管理驾驭能力，那么这家担保公司的经营发展就不能说是良性的。

三、组织架构与内部控制审查

针对担保机构的组织架构和内部控制，再担保机构需要进行详细的审查。这包括但不限于以下内容。

（一）公司章程

审查担保机构的公司章程是否明确、完善，是否清晰规定了公司的经营范围、股东权利和义务、管理机构设置和运作原则等内容。

（二）内部组织架构

审查担保机构的内部组织架构是否合理，各部门职责是否清晰明确，是否有完善的内部决策和执行机制。

（三）公司治理

评估担保机构的治理结构和机制，包括股东会、董事会、监事会和管理层的运作情况和相互关系，以确保各治理主体能够充分履行职责，保护公司和股东的利益。

（四）决策制度

核查担保机构的项目评审会等决策制度是否科学、民主，是否有明确的决策程序和权限规定，以确保公司决策的合理性和有效性。

（五）内部控制

评估担保机构的内部控制制度和实施情况，包括但不限于业务流程控制、授权审批控制、财务控制等，以确保公司业务的合规性和风险的可控性。

（六）信息系统

审查担保机构的信息化系统是否完善、安全，是否能够支持公司的业务发展和风险管理需求。

（七）会计管理

核查担保机构的会计管理制度和实施情况，包括会计核算、财务报告、财务分析等方面，以确保公司财务信息的真实、准确和完整。

（八）风险管理

评估担保机构的风险管理制度和实施情况，包括风险识别、评估、监控和报告等环节，以确保公司能够及时发现和应对各类风险，鉴于风险管理对担保机构非常重要，对担保机构风险管理评价的具体内容会在后面章节展开详细阐述。

（九）内部监督

了解担保机构的内部监督机制，包括内部审计、合规检查等，以评估公司对内部管理和风险控制的自我监督和纠正能力。

通过对担保机构的组织架构和内部控制的全面审查，再担保机构可以更准确地评估担保机构的管理水平和风险状况，为是否准入再担保体系提供重要参考依据。

四、业务发展目标考察

为了进一步了解担保机构的业务发展情况，再担保机构重点关注担保机构的发展战略、业务定位、历年发展计划的执行情况等方面。

（一）发展战略

深入了解担保机构的长期发展战略和规划，包括其在市场中的定位、目标市场份额、核心业务方向等。评估其战略是否与当前市场环境相匹配，是否具备前瞻性和可行性。

（二）业务定位

详细分析担保机构的业务定位，即主要服务对象、业务领域、产品特色等。通过业务定位的了解，评估担保机构在市场中的竞争力和特色优势。

（三）历年发展计划的执行情况

仔细核查担保机构过去几年的发展计划及其实际执行情况，包括业务规模、业务收入、合作伙伴数量等关键指标的完成情况。通过对比计划和实际执行结果，评估担保机构的执行力和业务发展稳定性。在考察业务发展目标时，再担保公司还会关注担保机构的市场口碑、品牌建设、创新能力等方面，更全面地了解其业务发展潜力和市场前景。

（四）其他

此外，还要关注担保机构经营理念、经营目标与绩效考核要求是否偏离融资担保本质特性的情况。需要特别关注的是股东会、董事会层面对担保机构经营理念与业务定位的要求，以及由此产生的对经营层业绩的考核要求，这些决定了一家担保机构是否能够沿着正确的方向与轨道健康、稳定、可持续发展。在考察一家从事融资担保业务的担保机构时，应该准确回答以下几个问题：股东出资设立这家担保机构的初衷是什么，是否与融资担保的本质特性（政策性强、风险高、回报有限）相适应？对担保机构业务定位有何明确要求？对公司治理与经营提出什么样的组织架构和管理方式要求？提出怎样的短期和中长期经营发展目标，是否与融资担保行业的发展规律相适应？对经营层的绩效考核要求是什么？要避免两种极端倾向：一种是过于强调融资担保政策性一面，忽视企业化管理、市场化运作的经营理念，行政化色彩过于浓厚，导致效率低下和寻租问题突出；另一种过于强调融资担保的市场化一面，忽视融资担保的政策性和高风险的本质特性，短期趋利行为过于浓厚，导致业务过于激进甚至违规，从而引发风险。

五、担保业务情况审查

为了深入了解担保机构的担保业务实际情况，再担保机构将从担保机构的营运模式，业务拓展能力，合作银行渠道开发，担保业务基本情况，历年担保代偿、追偿、损失情况以及关联担保情况 6 个方面进行详细审查。

（一）营运模式

评估担保机构的营运模式，包括其如何开展业务、与合作伙伴的协作方式、业务的推广策略等。同时，关注其营运模式是否能够确保业务的高效、稳定运行，并适应市场环境的变化。

（二）业务拓展能力

分析担保机构在业务拓展方面的能力和策略，包括市场拓展、产品创新、客户关系管理等。评估其是否具备持续拓展业务的能力，并能够抓住市场机遇，实现业务的快速增长。

（三）合作银行渠道开发

了解担保机构与银行合作的情况，包括合作银行的数量、授信额度、合作深度、合作模式等。评估其是否能够与银行建立良好的合作关系，以确保担保业务的顺畅进行和资金的稳定来源。

（四）担保业务基本情况

掌握担保机构的担保业务规模、业务种类、担保费率、担保期限等基本情况。通过数据分析，了解其业务的整体情况和趋势，并评估其业务的风险状况和盈利能力。

担保机构的业务要符合《监管条例》监管要求：关于单户集中度，对同一被担保人的担保责任余额与融资担保公司净资产的比例不得超过10%，对同一被担保人及其关联方的担保责任余额与融资担保公司净资产的比例不得超过15%；关于放大倍数，要按照国家规定的风险权重，计量担保责任余额，担保责任余额不得超过其净资产的10倍。考察时要注意，担保责任余额在目前监管规定中指的是融资担保责任余额，暂不含非融资担保业务，且《融资担保责任余额计量办法》对其计算有详细规定，应该结合监管规定予以考察。

就具体业务来说，担保业务是反映合作担保机构经营思路和经营结果的具体体现，需要深入和全面的分析，包括担保机构目前在保项目的行业分布、客户分布、区域分布、品种分布、额度分布、期限分布以及银行分布。如果担保机构的在保项目过于集中在风险高发的行业领域；客户过于集中在履约意愿低下的群体和区域；品种过于集中在易于发生违约的类别；额度过于集中在一些大项目；期限普遍过短或过长；只与某一家金融机构合作或重点合作的金融机构的业务水平和素质较为低下，基本可以断定其在保项目质量不高，易发生系统性风险。

同时，要做好担保机构在保项目的风险分级、分类。参照担保机构的在保项目风险分级分类，并根据自己采集的数据做出相对准确的分析判断。在借鉴担保机构在保项目风险分级分类时，要事先充分了解担保机构风险分级分类的制定标准与划分依据，从中把握在保项目的质量及风险。特别要注意，一些担保机构的风险分级分类引入了银行的分级分类方法，亦即关注在保项目的最终损失。这种方式在担保机构风险项目对应其风险拨备和本金属于小概率事件时是可行的，但是如果属于大概率事件时则可能存在较为严重的问题，尤其是当担保机构的放大倍数超过其净资产几倍时问题则更为严重。这种方式会弱化担保机构的在保项目过程跟踪管理，弱化及时化解处置风险的能力，任由风险项目发生代偿而最终导致担保机构丧失代偿能力。所以，有必要依据项目在保期间是否会发生代偿风险予以排查，而非依据在保项目的反担保抵质押物是否充足做出风险判断。在分析判断担保机构在保项目风险时，应该关注担保机构通过自有资金或者通过第三方过桥资金维持续贷的项目，要根据项目所处行业、未能自主偿还上笔债务的主因以及企业可持续经营能力等多方面因素综合判断项目的代偿风险，防止担保机构运用技术手段处理代偿风险过高的问题。

作为担保机构风险防范的最后一道防线，反担保设置也具有重要的意义。因此，在对担保机构的在保项目风险分级分类的分析过程中，对其在保项目的反担保物质量、覆盖额度以及处置难易程度也应给予总体的判断与把握。

（五）历年担保代偿、追偿、损失情况

对担保机构过去的担保代偿、追偿和损失情况进行调查和分析。关注其代偿率、追偿成功率以及损失水平，以评估担保机构的风险管理能力和风险控制效果。

根据担保机构披露的历史代偿数据和通过对担保机构在保项目的风险分级分类，推断其未来一年可能出现的代偿及代偿率，比较历史与未

来的代偿额与代偿率，分析判断担保机构的总体风险是趋近于相对好转、相对平稳，还是进一步恶化。明确其未来在客户行业选择、客户群体选择、单笔额度控制、品种结构、银担合作及其他影响项目质量等方面所应做出的必要调整，以及未来可能的目标客户市场和业务调整方向。

（六）关联担保情况

关注担保机构是否存在关联担保情况，即是否为关联方提供担保。如果有，将详细审查关联担保的规模、条件、风险等，以确保其符合监管规定且不引发系统性风险。

六、制度建设与风险控制情况考察

一个运转良性的担保机构在制度建设与风险管理上应该具备以下特性。

（一）具有完善的风险管理与客户服务两大体系

1. 风险管理体系

风险管理体系是担保机构最核心能力的体现，主要反映在以下三个层面上。

（1）根据外部市场与行业环境的变化，制定和完善一整套风险管理政策要求，包括行业与项目的准入、业务品种、单笔担保额度、业务人员项目管理跨度和放大规模上限要求等。

（2）行之有效的业务流程和制度规范，包括从项目受理到审核、审批、签约放款以及保后管理全过程的流程、管理制度以及与之相适应的组织架构和机制。

（3）人员的素质与能力。从目前看，担保机构的从业人员素质和能力决定了其风险管理水平和未来发展。从业人员，特别是核心骨干员工的背景、从业经历、做事风格、职业操守、业内口碑、责任心及事业追求等是衡量人员素质和能力的主要指标。一般来讲，对业务部门骨干员工的要求包括灵活但不失严谨，有责任心，对风险认知深刻，做事有底线，开拓能力强。对风控部门骨干员工的要求包括职业素养高，原则性强但又具有担当意识，有较强的解决问题能力。

如果担保机构没有一整套用于指导业务开展的风险管理政策，缺少完整的行之有效的业务流程和制衡机制，从业人员素质与能力低下或过于激进，显而易见，其风险管理体系方面则存在较大的漏洞。

2. 客户服务体系

客户服务体系是担保机构市场开拓与产品创新的基础，也是担保机构主动扩大市场规模、事前防范控制风险的有效手段之一。担保机构的客户服务体系是否健全、有效，主要体现在以下几个方面。

（1）在客户营销、审核审批以及后续跟踪服务管理等方面拥有绝对的主导权；

（2）在担保服务质量、效率、收费以及提供综合融资服务能力等方面具有比较优势。

（3）在获客能力、评审质量与效率、担保费率、代偿意愿与能力等方面得到金融机构充分认可。

在整体开发优质客户资源、控制系统性风险、提高业务处理效率、降低交易成本、增强企业和银行黏性等方面的产品与模式创新能力较强。

如果担保机构在客户营销、审核审批与保后管理等方面没有主导权，完全被银行左右，在获客能力、风险防范与控制、效率与收费等方面没有任何竞争优势，在自身的能力与信用等方面得不到银行的认可，缺乏有效控制风险前提下的市场开拓与产品创新能力，那么，其客户服务体系是不健全的，业务是不良性的，风险也是不可控的。

（二）有促进业务效率提高且能控制风险的激励约束机制

要避免两种极端倾向：一是没有任何约束前提下的提成导向，导致业务过于激进和道德风险的问题出现；另一种是没有任何激励的约束，导致业务开拓能力弱，缺乏进取精神。

（三）建立适合担保机构实际情况的风险管理组织架构

考察风险管理组织及运行状况、风险管理政策、担保项目的评价方式、评价内容及评价效果等，并重点核实担保机构所签署的重大合同是否真实、合同条款是否合法、合同订立是否履行内部审批程序、是否存在潜在风险等。要求担保机构披露在保项目信息，必要时对其在保项目进行延伸审核，并对其未来开拓的业务市场进行分析，以此判断合作期内该担保机构可能出现的最大代偿率和代偿额。

对于担保机构的风险管理组织架构，应深入了解其部门的设置与职责划分。例如：是否设置风险识别、评估、监控和报告等专职岗位，并考察这些岗位之间的协作与沟通机制；关注其是否有健全的风险管理决策体系，以及决策流程是否科学、高效。

在考察风险管理政策方面，重点关注担保机构是否有全面、系统的风险管理政策，这包括政策的制定、审核、发布、更新等流程是否规范，是否定期对政策进行检讨和更新。同时，关注这些政策是否能够在实际操作中得到执行，以及是否有相应的机制来确保政策的执行效果。

核实担保机构所签署的重大合同的真实性。要求担保机构提供部分原始合同及其相关附件，并通过与其他可靠来源的信息进行比对，确保合同内容真实可信，不存在虚构或夸大的情况。审查合同条款的合法性，对于可能存在法律争议或违规行为的条款进行标注，并进一步要求担保机构提供合理解释和法律依据。关注合同订立过程中是否严格履行内部审批程序，深入分析合同是否存在潜在风险，这包括但不限于合同中的违约责任、担保物权的设定、纠纷解决机制等方面。运用专业知识和风险识别技术，对合同进行全面风险评估，以便及时发现并妥善应对潜在风险。

针对担保项目的评价方式，应关注担保机构是否根据不同的担保项目类型和风险等级，采取相应的评价方法。关注其是否建立了科学合理的评价指标体系，以及评价过程是否公正、客观、透明。同时，关注其是否运用现代化的风险量化模型、大数据、人工智能等信息技术手段，进行更为精准的风险评价。

对于评价内容，重点考察担保机构是否对借款人的信用状况、还款能力、抵押物价值、反担保措施等方面进行全面评价，是否对项目的合规性、法律风险等进行分析。此外，还应关注担保机构是否对担保项目的社会效益和经济效益等方面进行综合评估。

在评价效果方面，通过对比担保机构的评价结果与实际代偿情况，对其评价效果进行验证。同时，考察担保机构是否建立了完善的保后机制，对保后结果进行跟踪和反馈，以便不断优化其风险管理模式和管理手段。

七、信息化系统建设与数字化转型进展

担保行业在较长时间里，受制于传统担保业务模式和条件所限，现代信息技术手段运用较少。最近几年，担保行业数字化转型明显加快。《监管条例》第十三条第二款提出：政府支持的融资担保公司应当增强运用大数据等现代信息技术手段的能力，为小微企业和农业、农村、农民的融资需求服务。在政策引导、统计需求增长、批量担保业务扩大等因素推动下，部分机构建设了信息化系统，有的还向数字化、智能化转型等

方面进行探索，为担保业务的高质量发展做好支撑。

（一）四种情况

当然，各担保机构在数字化进展和路线选择上呈现出多样性和差异化的特点。目前，大致有四种不同的情况。第一种情况，担保机构已经构建了相对完善的业务系统，已经具备了坚实的基础和稳定的运营框架。在此基础上，北京、深圳、重庆、山东、浙江和江苏等地积极推进数字化和智能化转型，以适应不断变化的市场环境和客户需求。值得注意的是，这些机构在推进数字化和智能化转型的过程中，并不是一蹴而就的，而是根据不同地区和业务特点，制定了相应的转型策略。第二种情况，担保机构主要是那些依靠省内行政手段全面推动国家融资担保基金的全国融资担保数字化平台以及直保 SaaS 使用的机构，实现了线上化报送，建立了数字化转型的基础。第三种情况，担保机构自建或者对外采购业务流程系统，但功能较为简单，仅初步实现了线上化，尚未实现数字化和智能化。第四种情况，市县一级的担保机构，尤其是偏远地区的担保机构，尚未建立业务系统，处于传统手工操作阶段。

因此，再担保机构在了解合作担保机构信息化系统建设与数字化转型进展时，要实事求是，着眼业务实际需要，根据担保机构的资本实力、业务规模、业务结构、政策要求、内部制度等综合因素分析其信息系统建设的有效性和必要性。

（二）针对四种情况的关注点

1. 再担保机构对第一种情况的担保机构要更关注以下两个方面。

（1）担保机构知识经验和核心能力的共享、复制、协同方面。是否建立了完善的数字化平台，使得担保机构知识经验可以通过数字化方式进行共享；对区域龙头担保机构不仅限于内部使用，还可以扩展到合作伙伴，从而提高整个行业的效率和风险防控能力；是否通过云计算、大数据等技术手段，实现了其核心能力的复制和协同。例如，是否有一套行之有效的风险评估模型，可以通过数字化方式复制到各个业务线。

（2）数据处理和智能运用方面。是否建立了强大的数据处理中心，可以对大量业务数据进行实时处理和分析，为决策提供即时、准确的数据支持；是否运用机器学习、人工智能等技术，实现了数据的智能化运用，如自动化审批、风险预警等。

2. 再担保机构对第二种情况的担保机构要更关注以下两个方面。

（1）评估使用国家融资担保基金全国融资担保数字化平台以及直保 SaaS 的效果情况，了解使用全国融资担保数字化平台的频率和深度，是否充分利用了平台提供的各项功能。在使用直保 SaaS 的过程中，是否提高了业务流程的效率和透明度，是否满足实际业务操作需要。

（2）与国家融资担保基金对接中的协调情况。在与国家融资担保基金进行业务对接时，是否建立了快速响应机制，确保业务流转的顺畅；是否存在与国家融资担保基金的业务标准不统一导致重复工作的情况，以及实践中如何解决这些问题。

3. 再担保机构对第三种情况的担保机构要更关注以下方面。

了解信息系统功能较为简单的背景和原因。例如，是因为担保机构规模较小、业务模式简单，现阶段尚不需要向数字化转型，还是因为担保机构对系统建设、数字化转型重视程度不够，不能有力推动相关工作的开展，或者是缺乏专业的 IT 人才和技术支持，导致只建设了较为基础的信息系统。

4. 再担保机构对第四种情况的担保机构应考虑其特殊性，因为机构实力弱，所处区域很难提供相关技术支撑，要更关注以下两个方面。

（1）省级担保体系对第四种情况担保机构信息系统建设的支撑和规

划情况。省级担保体系牵头机构是否为其提供必要的技术援助和人才培训；是否有一套针对这类机构的数字化转型时间表或路线图。

（2）未来低成本获得金融大数据以支持当地担保业务的可能。是否可能通过与其他机构合作，共享技术和数据资源，降低数字化转型的成本；是否可能得到政府或行业组织的技术支持或扶持政策，以便其运用金融数据。

八、财务与会计情况审核

重点查看担保机构有效资产充足率、资本真实性、关联交易、保证金管理等情况，分析判断担保机构即时可供代偿的有效资产规模和质量，对其货币资金、短期投资、长期投资、保证金、应收代偿款、其他应收款、担保费收入等重要会计科目进行详细调查，对涉及重大交易、重大事项的会计凭证、账册、财务报表等进行全面审核，以此考察担保机构财务管理的规范性和财务信息的真实性，如实评价担保机构的资产流动性和担保代偿能力。

（一）有效资产充足率

针对担保机构的有效资产充足率，通过仔细核查其资产负债表，确保担保机构的资产规模与其所承担的担保责任相匹配。关注其资产配置，确认其是否有足够的流动性资产来覆盖短期负债，并评估其长期资产的变现能力及价值稳定性。

作为监管底线，担保机构资产要符合《融资担保公司资产比例管理办法》以下规定：

"融资担保公司净资产与未到期责任准备金、担保赔偿准备金之和不得低于资产总额的60%。

融资担保公司Ⅰ级资产、Ⅱ级资产之和不得低于资产总额扣除应收代偿款后的70%；Ⅰ级资产不得低于资产总额扣除应收代偿款后的20%；Ⅲ级资产不得高于资产总额扣除应收代偿款后的30%。

融资担保公司受托管理的政府性或财政专项资金在计算本办法规定的Ⅰ级资产、Ⅱ级资产、Ⅲ级资产、资产总额以及资产比例时应予扣除。"

（二）资本真实性

在资本真实性方面，重点核实担保机构的注册资本和实收资本，确保其与实际经营状况相符。深入调查其股东背景、资本增减变动等情况，以防止资本虚假注入或抽逃。

（三）有效净资本

净资本是很好地衡量担保公司资本是否充足和资产流动性状况的综合性监管指标。通过观察担保公司的净资本情况，可以准确及时地掌握担保公司的代偿能力，防范流动性风险。担保机构的净资本计算公式为：净资本 = 净资产 - 投资的风险调整系数 - 应收科目的风险调整系数 - 其他流动性资产科目的风险调整系数 - 长期资产的风险调整系数 - 或有负债的风险调整系数（一般以三个月内可能会发生的代偿金额为准）+ 风险准备金及风险调整系数（应扣除已经代偿的支出部分）。针对风险调整系数如何确定，需要另行做出科学准确的划定。

引入净资本指标的主要目的：一是要求担保公司保持充足、易变现的流动性资产，以满足紧急需要并抵御潜在的代偿风险，从而保证资产的安全和担保能力不变；二是在担保公司经营失败时，仍有部分资金可以用来处理其破产清算等事宜；三是判断是否可以与之合作。

（四）关联交易

关联交易是另一个审核重点。通过仔细审查担保机构的关联交易情况，包括与关联方之间的资金往来、担保业务合作等。关注关联交易的合规性和公平性，确保其不会损害担保机构及其他利益相关方的利益，并防止潜在的利益输送和风险传染。

（五）保证金管理

保证金管理是担保机构的风险控制手段。审核担保机构的保证金管理制度，了解其保证金的收取、存放、使用和退还等方面的规定和操作流程。核实保证金的实际到账情况和余额，确保其与账面记录相符，并关注保证金是否充足，以覆盖潜在代偿风险。

（六）重要会计科目

为了准确分析判断担保机构即时可供代偿的有效资产规模和质量，应对担保机构的重要会计科目进行详细的调查。

（1）货币资金。核实其现金及银行存款的真实性和可用性，确保这些资金可以在需要时迅速用于代偿。

（2）短期投资。调查其投资种类、投资期限以及市场价值，评估这些投资在短期内的变现能力和可能的价值波动。

（3）长期投资。深入分析其投资组合、投资回报及风险，判断这些投资在未来是否能稳定提供收益，以及在某些情况下能否转换为现金流，以支持代偿。

（4）担保保证金。根据担保机构收取、存放情况酌情调查。

（5）应收代偿款和其他应收款。逐一审核其来源和账龄，评估其回收的可能性和时间，从而判断这些资产在短期和中期内对担保机构代偿能力的贡献。

（6）代偿补偿与代偿回收。主要是分析判断担保机构的内外部流动性恢复能力。一般而言，一家拥有外部代偿补偿机制且代偿追偿回收周期短、回收率高的担保机构，其流动性能力和代偿能力就强，反之就弱。应该对担保机构代偿项目的代偿成因、对应的反担保状况、担保机构的追偿方式方法以及回收效果进行全面的评估，因为这既可以看出担保机构流动性恢复能力，又可以从一个侧面反映担保机构对不良资产的处置能力。

（7）收入及收入结构。通过了解担保机构的收入和收入结构，分析判断担保机构的积累能力和抵御风险的可持续经营能力。担保机构的收入一般由主业担保收入、资金运营收入、投资收益和补贴收入构成。在主业担保收入方面，应重点关注不同担保业务及相应的费用收取费率。

担保机构其他收入来源要针对其对应的业务性质分类考虑。其中，担保机构固定收益类的安全性投资收入、利息收入、纯中介服务收入以及补贴收入都应该属于积累性质的收入来源；而非固定收益类投资、委托贷款等都具有一定的不确定性，带来的收益虽高，但风险也大，如果按正常会计处理均需要高比例计提风险拨备的话，此类投资收入未必能充分体现高收益。而且，一些一年或一年以上的中长期非固定收益类投资和委贷业务还可能给担保机构的即时代偿能力带来负面影响。

（8）在融资担保业务收费方面。合理的综合收费标准（担保费＋评审费＋服务费）应该控制在承保额的1.5%~3%（含保费补贴奖励等，应根据当地经营成本、风险状况动态调整）。过低，覆盖不了成本（经营管理费用和准备金计提），担保机构的积累能力和可持续经营能力不足；过高，会导致优质客户产生挤出效应，带来潜在的逆向选择风险隐患。虽然非融资类担保业务收费费率普遍较低，但相对于融资担保业务而言，风险较低，计提的风险准备金也低，因此对担保机构积累能力的贡献较大。

（9）担保机构的成本主要体现在各项经营管理费用和计提的风险准备金。显而易见，在固定成本支出一定且风险可控的前提下，担保机构的担保放大倍数越高，保费收入就越高，单位成本也就越低，利润率才可能较为可观。在考察担保机构成本费用时，应关注两种倾向：一种是高比例提取风险准备金，造成当期利润率较低，但积累能力和代偿能力较强；另一种是低比例或不提取风险准备金，造成当期利润率较高，但积累能力与代偿能力不足。

（10）担保准备金。担保准备金的提取有利于风险缓冲，满足《监管条例》等监管要求，增强担保机构的信用。目前，《监管条例》只是原则性地要求按照国家有关规定提取相应的准备金，并未明确规定融资担保公司提取准备金的具体标准和方式。目前，在准备金提取方面的政策文件有两个：一个是《融资性担保公司管理暂行办法》，另一个是《关于中小企业融资（信用）担保机构有关准备金企业所得税税前扣除政策的通知》(财税〔2017〕22 号)。前者是监管要求，后者是中小企业享受税收优惠的文件。在接受监管时，融资担保公司应按照《融资性担保公司管理暂行办法》中关于准备金的相关规定执行，即“融资性担保公司应当按照当年担保费收入的 50% 提取未到期责任准备金，并按不低于当年年末担保责任余额 1% 的比例提取担保赔偿准备金。担保赔偿准备金累计达到当年担保责任余额 10% 的，实行差额提取。差额提取办法和担保赔偿准备金的使用管理办法由监管部门另行制定”。未来监管部门出台新的准备金提取办法后，担保机构要按照新的要求执行。

（七）会计凭证、账册、财务报表的审核

针对涉及重大交易和重大事项的会计凭证、账册、财务报表等，应进行更为全面和深入的审核。这一举措旨在确保担保机构财务管理的规

范性，并验证财务信息的真实性。

在审核会计凭证时，重点关注与重大交易和事项相关的凭证是否完整、准确，并确保其按照适用的会计准则进行编制。核对凭证中的金额、日期、交易对方等重要信息，以确认其真实性和合理性。

对于账册的审核，重点仔细检查担保机构的会计账簿，包括总账、明细账等，以确保其准确反映了担保机构的财务状况和业务运营情况。关注账册的记账方法是否合规，并验证账户余额的正确性。

财务报表的审核是评估担保机构财务状况的重要环节。通过仔细审查资产负债表、利润表和现金流量表等关键报表，可以了解担保机构的资产流动性、负债结构、盈利能力以及现金流量情况。通过与其他年份和行业的对比，能判断担保机构财务状况的合理性和可持续性，并评估其担保代偿能力。

通过全面审核担保机构的会计凭证、账册和财务报表，能更准确地评估其财务管理的规范性和财务信息的真实性，有助于如实评价担保机构的资产流动性和担保代偿能力，为决策提供可靠依据，确保再担保机构在与担保机构合作中的风险可控，并推动合作关系的稳健发展。

九、评定合作担保机构等级

（一）评价指标体系

上述各项定性和定量分析数据将录入或自动生成于再担保机构信息化智能化系统，同时结合再担保机构的大数据分析信息等相关情况，系统将自动对其进行综合评估，并给予客观公正的合作等级。这个评价过程的评价指标体系要科学合理，也要兼顾担保机构特征、资本规模和再担保机构需求等。

例如，表 3 是政府性融资担保机构通用简化的评价指标体系，将对纳入再担保合作范围内的担保机构在政策效益、经营能力、风险控制和体系建设等方面进行汇总评价。

表 3　评价指标体系

<table>
<tr><th colspan="2">一级指标</th><th colspan="2">二级指标</th><th rowspan="2">评价标准及计分条件</th><th rowspan="2">绩效评价目标值</th></tr>
<tr><th>名称</th><th>分值</th><th>名称</th><th>分值</th></tr>
<tr><td rowspan="4">政策效益指标</td><td rowspan="4">30 分</td><td>新增小微企业、“三农”融资担保业务金额占比</td><td>10</td><td></td><td></td></tr>
<tr><td>新增单户 500 万元及以下小微企业、“三农”业务金额占比</td><td>10</td><td></td><td></td></tr>
<tr><td>小微企业、“三农”融资担保业务放大倍数</td><td>5</td><td></td><td></td></tr>
<tr><td>每亿元净资产支持的小微企业、“三农”融资担保户数</td><td>5</td><td></td><td></td></tr>
<tr><td rowspan="5">风险控制指标</td><td rowspan="5">30 分</td><td>非正常项目占比</td><td>10</td><td></td><td></td></tr>
<tr><td>融资担保代偿率</td><td>8</td><td></td><td></td></tr>
<tr><td>拨备覆盖率</td><td>2</td><td></td><td></td></tr>
<tr><td>依法合规经营情况</td><td>5</td><td></td><td></td></tr>
<tr><td>及时可代偿能力</td><td>5</td><td></td><td></td></tr>
<tr><td rowspan="2">经营能力指标</td><td rowspan="2">10 分</td><td>融资担保在保余额放大倍数</td><td>5</td><td></td><td></td></tr>
<tr><td>净资产收益率</td><td>5</td><td></td><td></td></tr>
<tr><td rowspan="7">体系建设指标</td><td rowspan="4">参与政府性融资担保体系建设（20 分）</td><td>新增业务纳入再担保情况</td><td>5</td><td></td><td></td></tr>
<tr><td>再担保规模贡献率</td><td>5</td><td></td><td></td></tr>
<tr><td>再担保费贡献率</td><td>5</td><td></td><td></td></tr>
<tr><td>再担保净补偿额占比</td><td>5</td><td></td><td></td></tr>
<tr><td rowspan="3">推进银担合作情况（10 分）</td><td>银担分险业务规模占比</td><td>2</td><td></td><td></td></tr>
<tr><td>及时代偿情况</td><td>3</td><td></td><td></td></tr>
<tr><td>新增代偿金额占比</td><td>5</td><td></td><td></td></tr>
</table>

表 3 中主要指标的具体内容如下。

1. 政策效益指标

政策效益指标主要反映合作担保机构在坚守融资担保主业、聚焦支小支农等方面发挥效益的情况，包括以下指标。

（1）新增小微企业、“三农”融资担保金额占比。这主要指截至上季度末担保机构当年累计新增小微企业、“三农”融资担保金额与担保机构全部新增融资担保金额之比。其中，小微企业包括小型、微型企业以及个体工商户、小微企业主，“三农”主体包括新型农业经营主体、农户。

（2）新增单户500万元及以下小微企业、“三农”融资担保金额占比。这主要指截至上季度末担保机构当年累计新增单户500万元及以下小微企业、“三农”融资担保金额与担保机构全部新增融资担保金额之比。

（3）小微企业、“三农”融资担保业务放大倍数。这主要指截至上季度末担保机构小微企业、“三农”融资担保业务在保金额与担保机构上年末净资产扣减对其他融资担保、再担保机构股权投资后的金额之比。

（4）每亿元净资产支持的小微企业、“三农”融资担保户数。这主要指截至上季度末担保机构小微企业、“三农”融资担保业务在保户数与经换算后的担保机构上年末净资产扣减对其他融资担保、再担保机构股权投资后的金额之比。

2. 风险控制指标

风险控制指标主要反映合作担保机构业务风险防控能力，包括以下指标。

（1）非正常项目占比。这主要指经再担保机构的业务系统平台大数据筛查，截至上季度末担保机构在保项目中关注、预警类项目金额与担保机构在保余额之比。

（2）融资担保代偿率。这主要指截至上季度末担保机构融资担保业务累计发生代偿金额与担保机构融资担保业务在保余额之比。

（3）拨备覆盖率。这主要指截至上季度末担保机构三项准备金余额与担保机构担保代偿余额之比。

（4）依法合规经营情况。这主要涉及担保机构是否存在为地方政府或其他融资平台融资提供担保，是否存在向非融资担保机构进行股权投资，是否存在偏离主业擅自扩大经营范围，是否存在因违法违规而受到监管处罚或负面评价，是否发生重大风险事件等情况。

（5）及时可代偿能力。这主要涉及担保机构流动资金应对风险项目的储备情况以及发生代偿后履行代偿义务的能力。

3. 经营能力指标

经营能力指标主要反映合作担保机构业务拓展和可持续经营情况，包括以下指标。

（1）融资担保在保余额放大倍数。这主要指截至上季度末担保机构融资担保业务在保余额与担保机构上年末净资产扣减对其他融资担保、再担保机构股权投资后的金额之比。

（2）净资产收益率。这主要指截至上季度末担保机构当年累计实现的净利润与担保机构净资产之比。

4. 体系建设指标

体系建设指标主要反映合作担保机构参与融资担保体系建设以及推进银担合作情况，包括以下指标。

（1）新增业务纳入再担保情况。这主要指截至上季度末担保机构当年累计纳入再担保业务金额与担保机构全部新增业务金额之比。

（2）再担保规模贡献率。这主要指截至上季度末担保机构当年累计纳入再担保业务金额与再担保公司新增再担保业务总金额之比。

（3）再担保费贡献率。这主要指截至上季度末担保机构当年累计缴纳再担保费金额与再担保公司再担保业务总收费金额之比。

（4）再担保净补偿额占比。这主要指截至上季度末担保机构获得再担保的净补偿余额与再担保净补偿总额之比。

（5）银担分险业务规模占比。这主要指截至上季度末担保机构当年累计新增银担分险业务金额与担保机构全部新增融资担保金额之比。

（6）及时代偿情况。这主要指担保机构在发生代偿后及时向合作银行履行代偿义务的情况。

（7）新增代偿金额占比。这主要指截至上季度末担保机构当年累计新增代偿金额与再担保体系内合作担保机构全部新增代偿金额之比。

（二）评价结果

再担保机构信息化智能化系统根据相关标准得出的评价结果（如评定结果从优到差分为 A 级、B 级、C 级、D 级），将作为制订再担保业务合作方案以及保后管理评级的重要参考因素，以实现分类管理，将有限的再担保资源用于支持更优质的担保机构。一般来说，再担保机构会依据评定结果对合作担保机构实施差异化合作。

1. 在授信额度管理方面

对于年度评价结果为“A”等级的合作担保机构，再担保机构应加强与该类担保机构合作，可按照担保机构申请的授信额度进行授信管理。对于年度评价结果为“B”等级的合作担保机构，结合历史合作规模，给予一定的授信额度增长空间。对于年度评价结果为“C”等级的合作担保机构，再担保机构应适度控制授信额度增加。对于年度评价结果为“D”等级的合作担保机构，再担保机构应谨慎控制授信额度增加。

2. 在再担保业务纳入标准和条件方面

对于年度评价结果为“A”或“B”等级的合作担保机构，再担保机构应积极加强与该类担保机构合作，结合担保机构合作历史情况、风险控制能力等，可在单户融资担保额度不超过较高金额的范围内，设定纳入再担保业务的自动备案制单户（含关联方）融资担保主债务金额上限。

对于年度评价结果为“C”等级的合作担保机构，再担保机构应予以持续关注，结合担保机构合作历史情况、风险控制能力等，可在单户融资担保额度不超过中等金额的范围内，设定纳入再担保业务的自动备案制单户（含关联方）融资担保主债务金额上限。对于年度评价结果为“D”等级的合作担保机构，再担保机构应予以持续关注，结合担保机构合作历史情况、风险控制能力等，可在单户融资担保额度不超过较低的范围内，设定纳入再担保业务的自动备案制单户（含关联方）融资担保主债务金额上限。

3. 在创新业务和批量业务支持力度方面

对于年度评价结果为“A”或“B”等级的合作担保机构，再担保机构应在下一合作年度分配“总对总”额度时予以重点考虑，鼓励其开展创新类业务试点，在获得相关部门政策扶持和新业务开展等方面给予支持。

综上所述，不同的评价结果反映了担保机构的综合情况，有利于再担保机构分类管理合作关系和业务，更有效地配置资源，支持与自身战略和目标更为契合的担保机构，共同推动再担保体系的健康稳定发展。

担保机构准入再担保的操作流程

为了规范担保机构准入再担保的操作，确保再担保机构的可持续发展，有必要制定相应的操作流程。目前，北京再担保公司已经通过再担保业务系统实现操作流程的规范化和标准化。这一流程明确了担保机构准入再担保的申请受理、资料填写、尽职调查、审核程序、决策机制、合同签署等方面的内容，旨在为再担保机构和相关部门提供清晰、具体的操作指南。同时要注意，在实际操作中，再担保机构还应结合本地实际和自身制度予以适配，选择合作担保机构的思路要根据实际需要进行调整。有必要加快速度，提高效率的，要优化简化流程；需要全面掌握风险状况的，应当审慎开展尽职尽查、评审等流程。

一、业务受理

在启动担保机构准入业务流程之前，再担保机构需要进行受理登记。这一步骤涉及了解和记录申请机构的基本信息，以便进行初步的筛选和评估。为此，业务部门的业务人员将负责填写受理登记信息或表格，详细记录申请机构的相关信息。这个登记表是一个重要的文档，它用于跟踪和管理申请机构的再担保准入流程。

以北京再担保公司为例，担保机构通过北京再担保公司业务系统“担保机构管理”模块提交申请，并填写基本信息。系统按照北京再担保公司准入合作机构的基本要求，结合担保机构提交的申请信息及外部公开信息等综合判断申请机构是否符合基本的准入要求，以供再担保业务人员参考。对于符合准入要求的担保机构，系统将自动生成《受理登记表》，业务人员结合经验可在一定程度上调整修改。由于担保机构提交的申请信息不完整或不准确而未通过准入要求的，再担保业务人员可将申请信息退回担保机构，由担保机构进行修改。

在填写完《受理登记表》后，业务部门的业务人员需要根据公司的业务受理情况，出具同意或不同意受理的结论意见。这一决定基于申请机构是否符合基本的准入要求，以及其提供的信息是否完整和准确。如果申请机构符合要求，并且提供了所有必要的信息，那么业务部门通常会出具同意受理的结论意见。

对于符合基本准入要求的担保机构，再担保业务人员通过再担保业务系统“项目新增”模块添加拟准入担保机构的基础信息，创建项目。一旦受理申请信息被录入业务管理系统中，就标志着机构准入再担保的业务流程正式启动。接下来的流程可能包括详细的评估、审批、尽职调查等步骤，以确保申请机构符合再担保公司的再担保准入标准，并且有能力履行担保责任。

二、业务组确定

担保机构准入业务受理后，一个重要的步骤是确定业务组成员。这个步骤涉及多个角色的确定，包括业务 A 角、业务 B 角和风控经理。这些角色在业务过程中各自承担着重要的责任，共同构成了该业务的业务组成员。

业务部门负责人应该确定业务 A 角和业务 B 角。业务 A 角和业务 B 角通常是再担保机构业务部门中的两名员工，他们被指派为特定业务的负责人。在确定业务 A 角和业务 B 角时，业务部门负责人通常会考虑员工的经验、能力和专业知识，以确保他们能够胜任该业务的处理和管理工作。一旦确定了业务 A 角和业务 B 角，他们将被赋予相应的权限和责任。

接下来，风险管理部门应该确定该业务的风控经理。风控经理是负责评估和管理该业务风险的专业人员。他们具备丰富的风险管理经验和专业知识，能够对担保机构进行风险分析和评估，并制定相应的风险管理策略。风控经理的确定对于控制业务风险、保护再担保机构的利益具有重要意义。

三、指导填写申请和资料收集

业务 A 角在指导担保机构填写申请资料的过程中，首先需要依据前文提到的“合作担保机构的选择思路”来确定与担保机构的具体合作思路。这一步骤涉及对担保机构的综合评估，以确保选择的担保机构符合再担保机构的合作条件和策略。

在确认合作思路后，业务 A 角负责指导担保机构填写《担保机构再担保申请书》。这一环节要求业务 A 角与担保机构保持紧密的沟通，明确告知申请书的填写要求和所需提供的信息。业务 A 角需要详细解释申请书的各项内容，以确保担保机构能够准确、完整地填写申请书，并为其提供必要的支持和帮助。

除了指导申请书的填写，业务 A 角还需要收集通用资料清单所列的基础资料（见表 4）。这些基础资料通常包括担保机构的注册资料、经营许可、业务台账、财务报表、业务合同等，用于对担保机构进行的全面评估。同时，在需要进行精细化合作管理的情况下，业务 A 角还应注意收集个性化资料。

表 4　基础资料

序号	文件名称	要求公章	份数
1	授信再担保申请书	公章	1
2	有效期内信用评级报告	公章	1
3	企业统一社会信用代码证书复印件	公章	1
4	融资担保业务经营许可证	公章	1
5	公司股权结构图（法人股东要列出其股东，并说明实际控制人）	公章	1
6	最新公司章程复印件	公章	1
7	近期的征信查询报告	公章	1
8	近三年会计师事务所审计报告及财务报表	财务章	2
9	近三个月财务报表（资产负债表、利润表、现金流量表）	财务章	2
10	财务报表编制说明及最近一期财报主要科目明细（投资、理财项目需提供证明材料或凭证）	财务章	1
11	在保项目前十大情况介绍		1
12	与主要银行的合作协议	公章	1
13	新增项目清单、在保项目清单、委贷项目清单（在保企业名称、在保余额、贷款银行、期限、担保品种、所属行业、反担保种类及价值、风险分类）	公章	1
14	企业法定代表人资格证明及身份证复印件	公章	1
15	上年年底及本年银行对账单	财务章	1
16	股东公司上年度审计报告、股东和关联公司简介		1
17	代偿项目及追偿情况说明	公章	1

以北京再担保公司为例，担保机构通过北京再担保公司业务系统“担保机构管理”模块填写《担保机构再担保申请书》并上传申请材料。为了确保申请流程的顺利进行，业务 A 角在收到担保机构提供的资料后，应在业务管理系统中逐一确认资料清单是否齐全、完整。这一步骤涉及对每份资料的仔细审查，以确保资料的真实性、有效性和符合规范要求。对于缺失或不符合要求的资料，业务 A 角需要及时与担保机构沟通，要求其补充或完善相关资料。

四、尽职调查前准备

在启动尽职调查之前，业务A角、业务B角和风控经理需要充分准备，精读担保机构提供的申请书和基础资料，以便对担保机构有全面深入的了解。为了更高效地进行尽职调查，业务A角负责汇总主要问题、调查重点和担保机构需要补充的资料清单，并填写工作底稿。这样有助于确保调查过程中不会遗漏任何重要信息。

在此基础上，业务A角还需要向担保机构发送补充资料清单，以便担保机构提前准备相关资料，确保尽职调查顺利进行。为确保实地调查能够顺利进行，业务A角还应根据业务组及合作方相关人员的时间安排，与担保机构协商确定实地调查的时间、地点和接待人员。这有助于确保所有参与方都能充分准备，使尽职调查能够在预定时间内高效完成。

五、尽职调查

在评审阶段，为了对担保机构进行全面评估，A角和B角首先会对其进行实地考察，需要与担保机构的实际控制人以及重要岗位负责人进行一对一访谈。在这些访谈中，再担保机构尽职调查团队会深入探讨担保机构的公司治理结构，以便了解担保机构决策层是如何运作和做决策的。同时，也要询问担保机构的发展目标，以判断其长期和短期的战略规划是否明确和可行。

在股权结构方面，有必要深入研究股东背景，了解主要股东对公司的期望和考核要求。这有助于评估担保机构是否受到有实力且经验丰富的股东支持。

除了与公司高层交流，还应仔细审核担保机构的发展历程、组织架构和风险控制体系的相关资料。这包括查看其过去的业务记录、关键决策和里程碑事件，了解其业务模式和策略是否能通过时间的考验。

在担保业务、财务、风险管理、制度建设等方面，尽职调查团队需根据本书前述“合作担保机构的评价”的要点深入分析。

六、再担保合作准入评审

（一）业务部门评审

再担保机构业务 A 角根据担保机构提供的资料和实地调查的情况等撰写《担保机构再担保资格评审报告》，并根据自身制度要求准备相应评审资料，汇总担保机构提供的资料和《工作底稿》一并报送业务 B 角。

以北京再担保公司为例，再担保业务 A 角通过北京再担保公司业务系统“担保机构管理”模块生成《担保机构再担保资格评审报告》，系统自动导入担保机构前期录入的基础信息及公开信息，并生成合作方案建议，供业务人员参考。

评审报告要按照本书前述“合作担保机构的评价”内容详细分析。业务 B 角根据业务 A 角提供的资料和实地调查的情况等独立出具 B 角意见，之后业务部门负责人根据报送资料及 A 角、B 角意见出具业务部门意见，并进入项目评审会集体审议环节。

（二）风险管理部风险审核

风险管理部风控经理根据业务部门提供的资料和实地调查情况独立出具风险审核报告。

以北京再担保公司为例，再担保风控经理通过北京再担保公司业务系统“担保机构管理”模块生成《风险审核报告》，系统自动导入担保机构前期录入的基础信息及公开信息，并生成风险提示信息，供风控人员参考。

风险管理部的风控经理汇总资料，并将资料报送至风险管理部负责人，风险管理部负责人根据资料签署部门意见。

七、评审会集体审议

再担保机构的业务A角、业务B角根据项目评审会议程安排，在预定上会时间到达会场，汇报担保机构准入项目情况及评审意见并接受评审会委员询问。

以北京再担保公司为例，再担保业务A角使用“评审会管理”添加上会项目，并通过系统上传上会报告等相关材料。风控经理也可对应添加拟上会项目的风控报告等相关材料。

上会项目一经系统创建，评审会委员即可通过“评审会管理”模块查看拟准入担保机构的全部资料。相关负责人员根据系统提示的会议安排参加评审会。

评审会委员根据再担保公司项目评审会议事规则对项目发表意见，并由项目评审会秘书汇总形成评审会决议。

评审会秘书汇总形成《评审会决议》并上传至系统，相关负责人可导出对应项目的评审会决议。

再担保公司项目评审会决议根据内容差异划分为三类。第一类为同意意见（含有条件同意），对于此类项目，业务A角应及时落实决议内容，以便进入下一个业务流程；第二类为复议意见，对于此类项目，业务组应就复议内容重新调查、核实，调查、核实完毕后重新申请上会审议；第三种为否决意见，对于此类项目，业务A角应妥善将否决意见传达至担保机构。

八、落实项目评审会决议要求

对项目评审会决议同意（含有条件同意）的拟准入担保机构，业务A角负责落实项目评审会决议要求，拟定相关文件，并与担保机构就《再担保合同》内容谈判，如担保机构无异议，则进入下一个业务流程，否则需要就担保机构提出的异议申请复议，直至达成一致意见后进入下一个业务流程。

九、合同文本报审及签署

经公司项目评审委员会审批通过后，A角就审批意见与担保机构进行沟通，并根据再担保政策和审批要求，起草《再担保合同》文本。

以北京再担保公司为例，再担保业务A角通过“合同管理－担保机构合同审批表”模块生成《再担保合同》。系统按照合同模板自动带入基础信息。

《再担保合同》经部门经理审核通过后报风险管理部门、法律部门审核通过后，提请公司相关领导进行报批。公司审批通过后，A角通知担保机构签约。

以北京再担保公司为例，再担保业务A角完成《再担保合同》起草后，提交给再担保业务系统进行合同文本审批，系统结合《评审会决议》对合同落实评审会决议的情况进行预校验，验证一致后即可发起再担保合同审批流程，相关审核人通过系统操作完成审核，再担保业务A角可随时跟踪审核流程。

十、档案移交

对已纳入再担保的担保机构，由再担保公司业务部门整理纳入过程中的各种资料，并移交给负责档案管理的指定人员。鼓励采取信息化手段管理档案，提高流转效率。

以北京再担保公司为例，系统支持各类电子审批文件及流程等的导出，再担保业务人员可使用发起人账号导出相关的电子材料。

十一、保后动态管理

担保机构保后动态管理是确保再担保机构与准入担保机构合作稳健发展的重要环节。为了全面准确地了解合作担保机构的经营情况，再担保机构采取了一系列的管理措施。

首先，再担保机构依照内部制度要求，定期收集合作担保机构的财务报表。这包括资产负债表、利润表和现金流量表等，以分析担保机构的财务状况、盈利能力和流动性。通过对财务报表的分析，再担保机构可以及时发现潜在的风险，并采取相应的风险防控措施。

除了财务报表，再担保机构还要求合作担保机构提供担保项目清单、风险项目清单、代偿项目清单及已补偿项目追偿情况等资料。这些资料有助于再担保机构全面了解担保机构的业务规模、风险状况和代偿能力。同时，通过对这些资料的分析，再担保机构可以评估担保机构的风险管理水平和业务质量，为后续的合作决策提供参考。

为了更深入地了解担保机构的经营情况，再担保机构还会进行实地走访。通过与担保机构的管理层、业务人员等进行面对面交流，再担保机构可以直接了解担保机构的业务模式、风险管理措施、市场开拓情况等。同时，实地走访还有助于再担保机构发现潜在的问题和风险，及时提出改进意见。

在担保行业数字化转型发展的背景下，再担保机构还应积极利用现代信息技术手段，加强对合作担保机构的保后动态监测。通过建立数据分析模型，再担保机构可以对担保机构的经营数据进行实时监控和分析，及时发现异常情况和风险点。这有助于提高风险识别与应对的效率和准确性。

在综合评价的基础上，再担保机构根据风险分级的不同结果，对合作担保机构采取相应的措施。对于风险较低的担保机构，再担保机构可以继续加强合作，提供更多的支持和服务。对于风险较高的担保机构，再担保机构可能要求其加强风险管理措施、限制业务规模或采取其他风险控制手段，以确保合作的安全和稳健。

总之，担保机构保后动态管理是再担保机构对合作担保机构进行全面深入管理的重要环节，也是再担保机构加强与合作担保机构面对面交流的契机，有利于互相借鉴学习，助力双方合作稳健发展，共同推动再担保体系的良性循环。

以北京再担保公司为例，再担保业务人员通过系统对合作担保机构开展日度、月度以及季度保后动态监测，并按季度形成保后管理报告。

（一）每日风险监测

再担保业务系统大数据的轮巡功能每日监测合作担保机构的相关情况。再担保业务人员通过“再担保风险监测”模块查看担保机构自身、纳入再担保备案的在保项目风险提示及舆情信息。

（二）月度运行情况分析

再担保业务系统每月汇总合作担保机构的运行数据及风险指标并进行综合评价打分。再担保业务人员通过“驾驶舱”模块了解担保机构指标数据及行业排名情况。

（三）季度保后管理

再担保业务人员使用“保后管理－担保机构保后”模块生成《合作

担保机构保后报告》，系统自动汇总担保机构当年及往期的经营、合作等数据，并带入相关外部公开信息，供再担保业务人员、风控人员参考。

再担保业务人员完成《合作担保机构保后报告》起草后，发起再担保合同审批流程，相关审核人通过系统操作完成审核，再担保业务人员可随时跟踪审核流程。

十二、绩效评价与调整

前述合作担保机构的保后动态管理一直以来都是从风险管理的角度来进行的。然而，担保行业作为宏观经济政策工具的重要一环，还应着眼经济社会发展大局，更加全面地审视再担保机构的角色与功能。

再担保，作为融资担保机构分散和缓释风险的关键途径，不仅关乎单一机构的风险管理，更是多级公共财政共同解决小微企业融资难、融资贵问题的重要手段。它肩负着再担保体系建设的重要职责，是确保担保行业稳定、助力经济增长不可或缺的一环。

因此，再担保机构除了风险的管理和分担，还应该发挥更大的作用。鼓励和引导合作担保机构进一步聚焦支小支农主业，确保资金真正流向农业地区以及经济的毛细血管——小微企业，发挥融资担保在保障就业、促进民生中的作用。

为了实现这一目标，再担保机构需要定期进行更为全面、科学的综合评价。这种评价不应仅局限于风险管理，还应从政策性目标出发，考察担保机构在政策效益、风险控制、经营能力和体系建设等多个方面的表现。这种综合绩效评价方法可以更真实准确地反映担保机构的实际状况，并为其提供有针对性的反馈和建议。

在这种综合绩效评价的基础上，再担保机构将针对评价中发现的问题，及时调整与合作担保机构的关系，调整再担保授信规模、合作模式、股权投资支持力度，考虑创新业务合作以及信息技术支持程度等。

最后，这种绩效评价的结果可以为财政部门提供有价值的参考。财政部门在对政府性融资担保机构进行绩效评价时，可以借鉴再担保机构的评价结果，确保政策资源和财政资金更高效精准地配置，共同助力经济社会平稳健康发展。

以北京再担保公司为例，公司制定的再担保业务操作规程明确了担保机构的评价体系，并通过系统打分等方式实时监测合作担保机构的整体发展情况，帮助再担保机构全方位评价担保机构，为制订及调整合作方案的授信额度、项目纳入标准及“总对总”额度分配提供依据。

十三、担保机构续约

在准入担保机构与再担保机构签订的《再担保合同》即将到期或准入期限届满前，再担保机构业务 A 角会启动一项重要的工作——对担保机构是否续约进行评估。这项评估工作并不是简单地基于合同期限，而是基于对担保机构全方位的考察。

业务 A 角会考虑担保机构的续约需求。这包括担保机构是否愿意继续与再担保机构合作，以及其未来的业务规划和发展方向。同时，双方上一年度的合作情况也是一个重要的参考因素。这涵盖了双方合作过程中的顺畅度、业务规模、风险状况等多个方面。

除此之外，合作担保机构的资质、经营及信用等级变化情况也会被纳入考量范围。这些都是评估一个担保机构是否稳健可靠的重要指标。特别是在担保行业中，信用风险的变化往往能反映一个机构的经营稳健性和风险状况。

在决定启动续约工作后，业务 A 角会请担保机构填写《担保机构续约申请书》。为了减轻担保机构的负担，一些已经在初次合作时提交过且没有发生变化的资料，可以适当地简化或省略。同时，业务 A 角也会提供必要的指导，确保担保机构能够准确完整地填写申请资料。

续约流程在再担保机构内部有明确的规定和操作程序，业务 A 角会确保所有流程都按照公司内部规定进行。在这个过程中，双方整体合作的协商尤为重要。这不仅是商务层面的谈判，更是对双方未来合作方向、模式、目标的探讨。再担保机构在其中发挥着增信、分险、规范、引领的作用，为担保机构提供信用增进，帮助其更好地获得资金支持，分散风险，促进担保机构稳健经营，同时对合作担保机构进行规范和引导，共同促进行业的健康发展。

以北京再担保公司为例，再担保业务人员使用北京再担保公司业务系统完成担保机构续约的系统操作流程与担保机构准入基本相同。再担保业务人员通过北京再担保公司业务系统“担保机构管理”模块生成《担保机构再担保资格评审报告》，系统自动汇总担保机构的历史合作信息，带入担保机构前期录入的基础信息及公开信息，并结合担保机构历史评价结果，生成合作方案建议，供再担保业务人员、风控人员参考。

与国家融资担保基金的再担保业务合作

国家融资担保基金介绍

设立国家融资担保基金是党中央、国务院为破解小微企业和“三农”融资难、融资贵问题，支持实体经济发展做出的重大决策和战略部署。2018 年，经国务院批准，财政部联合中国工商银行股份有限公司、中国农业银行股份有限公司、中国银行股份有限公司、中国建设银行股份有限公司、交通银行股份有限公司、国家开发银行、中国邮政储蓄银行股份有限公司、招商银行股份有限公司、中信银行股份有限公司、兴业银行股份有限公司、上海浦东发展银行股份有限公司、中国民生银行股份有限公司、中国进出口银行、中国农业发展银行、中国光大银行股份有限公司、华夏银行股份有限公司、平安银行股份有限公司、浙商银行股份有限公司、中国人寿保险（集团）公司、北京金融街资本运营中心等 20 家银行及金融机构共同发起成立国家融资担保基金。

2018 年 7 月，国家融资担保基金完成工商注册，9 月正式揭牌运营，首期注册资本达 661 亿元人民币。国家融资担保基金坚持政府性融资担保的准公共定位，按照“政策性导向、市场化运作、专业化管理”的运行模式，通过再担保分险、股权投资等方式，积极推进和支持政府性融资担保体系建设，以进一步发挥财政资金“四两拨千斤”的“放大器”作用，引导更多的金融资源流向小微企业、“三农”、创业创新和战略性新兴产业等普惠领域，推动供给侧结构性改革和经济社会全面发展。

担保行业三层组织体系概述

推进再担保体系建设和构建政府性融资担保体系，是国务院规划的担保蓝图，《监管条例》规定“国家推动建立政府性融资担保体系”，43号文规划要“研究设立国家融资担保基金，推进政府主导的省级再担保机构基本实现全覆盖，构建国家融资担保基金、省级再担保机构、辖内融资担保机构的三层组织体系，有效分散融资担保机构风险，发挥再担保‘稳定器’作用”，这就是担保行业所称三层组织体系的来源。三层组织体系从各自的工作职责上看有以下方面。

辖内融资担保机构是开展融资担保业务的主体，直接与中小微企业接触，为企业的贷款提供担保，帮助企业提高信贷能力。辖内融资担保机构对本地企业深入了解，能够更有效地评估风险，是提供担保服务的主体。

省级再担保机构为辖内融资担保机构提供再担保服务，主要通过比例再担保业务分散和降低合作担保机构的风险。通过与担保机构的合作，再担保机构还可以提高整个担保行业的稳定性和抗风险能力，提升担保体系的声誉，进而降低企业担保贷款成本。

国家融资担保基金主要以再担保业务为主，适当开展股权投资业务，支持各省（区、市）开展政府支持的融资担保业务。国家融资担保基金再担保业务对符合条件的省级担保再担保机构提供一定比例的风险分担

（一般为 20%），推动形成“国家融资担保基金—省级担保再担保机构—辖内融资担保机构”三层组织体系与银行共同参与的业务联动和风险分担机制，降低贷款利率和担保费率，为符合条件的小微企业、“三农”提供便捷、高效、低成本的贷款。股权投资主要对省级担保再担保机构注入资本金，增强其资本实力和业务拓展能力，支持其向下逐级参股融资担保机构或为体系内的融资担保机构提供担保再担保服务。可以看出，国家融资担保基金与再担保机构的合作，旨在提高融资担保体系的稳定性，促进中小企业的发展。

从 43 号文的相关内容上看，三层组织体系是推进再担保体系建设的具体举措，也是中央、省级再担保逐级分散担保机构风险的制度安排。再担保体系包含政府性融资担保体系，用好再担保机制作用是政府性融资担保体系稳健、可持续发展的题中应有之义，政府性融资担保机构构成了再担保体系的机构主体，非政府性融资担保机构是再担保体系的重要组成部分。在目前的现实情况中，再担保体系覆盖了大多数政府性融资担保机构和部分非政府性融资担保机构，部分政府性融资担保机构暂时还未纳入再担保体系。

此外，在农业领域，我国也构建了相对独立的融资担保体系，即全国农业信贷担保体系。根据 2017 年中央 1 号文件、《政府工作报告》和时任国务院副总理汪洋在农业信贷担保工作座谈会上的讲话精神，为切实破解农业农村“融资难、融资贵、融资慢”的问题，推动现代农业发展，原银监会与财政部、原农业部共同大力推进全国农业信贷担保体系建设，2016 年成立国家农业信贷担保联盟有限责任公司，推动完成各地省级农业信贷担保公司的组建，并向下延伸分支机构，开展实质性运营，制定出台财政支持农业信贷担保体系建设的政策措施，一个多层次、广覆盖的全国农业信贷担保体系初步形成。截至 2023 年底，全国各省、自治区、直辖市和计划单列市已有 33 个组建省级农担公司，并以办事处、分公司等多种形式设立市县分支机构 924 个。全国农担体系业务已基本实现对国内农业大县的全覆盖。

省级再担保机构与国家融资担保基金的再担保业务合作

再担保机构与国家融资担保基金的再担保业务合作方式主要有两种：一是由辖内担保机构选择客户，逐级向省级再担保机构、国家融资担保基金分险，是一种自下而上的比例再担保模式；二是国家融资担保基金与银行总行协商业务模式和服务客群，省级再担保机构、辖内担保机构被动承担相应责任，是自上而下的国家融资担保基金“总对总”的业务模式。

一、自下而上的比例再担保模式

（一）申请获得国家融资担保基金的业务准入

省级再担保机构申请与国家融资担保基金开展再担保业务合作，需要获得国家融资担保基金的机构准入。一般来说，省级再担保机构要符合以下条件。

（1）依法设立，履行本行政区域内再担保服务职能应得到本级政府及其相关部门或有资格的机构确认。

（2）公司治理完善，法定代表人和高级管理层为专职人员，有与业务发展相适应的专业管理队伍。

（3）有较为完善的再担保管理制度、内部控制制度及业务操作流程，对原担保机构有准入、管理要求。

（4）有能履行再担保责任及担保责任的资本实力和流动性安排。

（5）有地方政府的风险补偿政策支持。

同时，省级再担保机构应准备合作申请材料，包括再担保合作申请书；本级政府及其相关部门或有资格的机构对其履行再担保职能的确认材料；省级再担保机构近两年的考核指标及机构内部激励约束机制情况、省级再担保机构的基本情况；整体业务发展、风险控制及内部管理情况的综合报告，以及开展的支小支农业务及风险情况；省级再担保机构股东、董事会、监事会及高级管理层组成人员的基本情况；本区域再担保体系建设情况报告，包括加入再担保的原担保机构覆盖情况、总体净资产、担保业务规模及风险控制情况，以及支小支农业务占比等情况；地方政府政策支持情况说明，包括对担保、再担保机构注资、风险补偿、担保费补贴等情况；最近年份经审计的财务报告、最近一期财务报表和主要科目明细等。

同时，省级再担保机构有必要梳理如下自身情况，以便让国家融资担保基金等外部合作机构更好地了解。

（1）基本概况。包括机构历史沿革，股权结构及主要出资人情况，公司治理结构及内部组织机构、业务管理制度和激励约束机制建设；近两年目标考核、信用评级、获取荣誉情况等。

（2）业务发展及风险管控情况。包括业务构成、再担保业务发展及风险控制等主要指标、内部管理情况。

（3）财务情况。包括资产负债情况，尤其是资产结构、应收代偿款及其他应收款项情况，风险拨备情况，重大负债情况。

（4）再担保成员总体情况。包括加入再担保的原担保业务模式；近两年在保规模、应收代偿款余额及同比增减情况，符合国家政策导向的业务占比情况，实际执行担保费率情况；净资产规模，融资担保业务放大倍数，代偿能力。

（5）地方政府重视程度及政策支持情况。包括资本金注入和补充、代偿补偿资金安排、保费补贴等。

（二）向国家融资担保基金业务备案的流程

向国家融资担保基金业务备案一般是指省级再担保机构将自身承担的担保责任向国家融资担保基金报送，申请国家融资担保基金提供一定比例风险责任分担的行为。

具体业务备案申请方式现阶段通过国家融资担保基金的全国政府性融资担保数字化平台实现。在这个过程中，省级再担保机构报送的业务要符合相应要求。例如：省级再担保机构对纳入国家融资担保基金合作范围的再担保业务要按照不低于融资金额一定比例提供再担保；原担保对象为小微企业、“三农”和创业创新等市场主体，以及符合条件的战略性新兴产业项目；不得为政府债券发行提供担保，不得为政府融资平台融资提供增信；年化原担保费率不高于相应水平；原担保机构不得以保证金、承诺费、咨询费、顾问费、注册费、资料费等名义收取不合理费用；单一融资客户在保业务融资余额不超过较大金额；原担保业务为经营性担保贷款；等等。

同时，省级再担保机构也需要满足向国家融资担保基金的备案时限要求，并按时向国家融资担保基金缴纳再担保费。

此外，省级再担保机构还需要指导辖内合作机构及时在全国政府性融资担保数字化平台上更新合作业务解保状态，并填报相应信息。

对向国家融资担保基金备案业务发生代偿的，省级再担保机构应按约定向国家融资担保基金申请代偿补偿。符合代偿补偿条件的，国家融资担保基金审核通过后按约定支付代偿补偿资金。

相应地，在国家融资担保基金代偿补偿项目有追偿收入的，省级再担保机构应在扣除费用后按国家融资担保基金实际承担的风险责任比例向国家融资担保基金分配。发生损失核销的，向国家融资担保基金告知核销项目金额等信息。

二、自上而下的国家融资担保基金“总对总”的业务模式

国家融资担保基金“总对总”的业务模式，是指由国家融资担保基金与银行总行共同确定合作业务政策和操作流程。直接办理担保贷款的银行机构按照银担双方“总对总”确定的合作政策和操作流程，在约定的合作期限、合作金额范围内履行贷款审批、发放、贷后管理和追偿责任，承办担保机构对符合条件的业务自动提供担保，省级再担保机构和国家融资担保基金提供再担保分险的业务。合作业务发生代偿时，由国家融资担保基金负责为承办担保机构先行支付代偿资金，承办担保机构和省级再担保机构对确认后的代偿项目按风险承担比例，与国家融资担保基金进行资金结算。该业务开展前，再担保机构和银行需要获得国家融资担保基金的业务准入，明确合作关系和方式。

（一）再担保机构、银行申请获得国家融资担保基金的业务准入

合作银行的确定。银行有意开展国家融资担保基金“总对总”批量担保业务合作的，需要向国家融资担保基金提出申请，申请内容包括信息系统直连方案、拟合作产品方案、合作期限和规模、代偿率上限水平等。通过综合评估后，国家融资担保基金会确定与银行的合作方案，并签订业务合作协议。国家融资担保基金会将合作银行名单通知到省级再担保机构。

确定省级再担保机构。省级再担保机构有意开展批量担保业务的，向国家融资担保基金提出申请。通过综合评估后，国家融资担保基金对省级再担保机构的合作方案进行确认，并签订业务合作协议。

省域内银行、再担保机构、直保机构三方签署合作协议。省级再担保机构与各批量担保业务合作银行省级分行开展业务合作对接，签订业务合作协议，在合作银行授信期限、规模内开展业务合作。省级再担保机构应指导承办担保机构根据国家融资担保基金统一的业务政策和操作流程与承办银行签署统一版本的批量担保业务保证合同。

（二）当前国家融资担保基金“总对总”业务基本条件

单户贷款额度。国家融资担保基金会以银行总行为单位，对单一客户在保融资余额设定上限，一般单一客户在国家融资担保基金合作体系内的在保融资余额不得超过 5 000 万元。

贷款政策导向。担保贷款应符合国家信贷政策和监管要求，不得为地方政府（及地方融资平台）提供贷款担保。借款人应生产经营正常，具有良好发展前景，或对社会就业有贡献，或对产业链、供应链发展有价值。债务人及贷款实际用款人（包括企业法定代表人）无失信、被执行等重大不良信用记录等。

另外，为提高企业融资的可获得性，银担双方对担保贷款不设置资产抵（质）押措施等。

（三）国家融资担保基金“总对总”业务流程

承办银行受理、项目审批。承办银行受理客户提出的担保贷款申请，对符合条件的担保贷款项目，按照银行贷款评审要求和程序自主完成贷款审批。

线上签订业务合同。承办银行、承办担保机构通过银行信贷系统线上与客户签署借款合同、委托担保合同、信息使用授权书等，同时进行担保合规性校验。

担保费缴纳。承办银行指导担保客户足额缴纳担保费或根据授权进行担保费扣划。

担保客户提款。成功缴纳保费后，担保客户可线上提款。

合作业务备案。担保客户完成线上提款后，银行向国家融资担保基金申请业务备案，国家融资担保基金将成功备案业务向银行反馈，向省级再担保机构、承办担保机构分发。此时实现银担分险比例，银行和政府性融资担保体系分别按贷款金额的 20%、80% 分担风险责任，其中政府性融资担保体系内部风险分担比例为国家融资担保基金、省级再担保机构、承办担保机构按贷款金额分别承担 30%、不低于 20%、不高于 30% 的风险责任。

履行担保代偿责任。对于到期或银行宣布提前到期、债务人不能自行还款确需代偿的担保贷款项目，由承办银行向银行分行提出担保代偿申请，汇总至银行总行。总行从国家融资担保基金资金账户扣划代偿资金。之后，政府性融资担保体系内还要进行代偿（补偿）资金清算。

需要注意的是，以上现有模式是基于过去的经验和观察，但这些模式可能并不完全适用于未来的情况。因此，有必要时刻保持不断学习和适应新挑战的状态。随着实践的深入，可能会发现原有模式存在一些不足。例如，某些策略可能不适用于某些特定的情况，或者某些流程可能需要改进以提高效率。因此，需要根据实际情况进行调整和完善。同时，也需要不断寻找新的模式和方法，及时调整策略和优化业务流程。

数字化建设在三层组织体系合作中的运用

现阶段，国家融资担保基金建设了两套核心业务系统，即再担保业务系统、直担 SaaS 业务系统。简单来说，国家融资担保基金再担保业务系统的核心功能是备案省级再担保机构（含辖内机构）的担保业务，对符合政策导向的业务明确分担风险的比例和名单，并在线上进行代偿补偿审核和管理；国家融资担保基金直担 SaaS 业务系统是国家融资担保基金为原担保机构提供的信息化担保业务系统，实现了保前、保中、保后的业务全流程线上管理。

在当前实践中，省级再担保机构向国家融资担保基金业务备案途径有以下三种。

一是省域辖内直保机构使用国家融资担保基金直担 SaaS 业务系统。通过该系统提报，省级再担保机构审核同意后再报送国家融资担保基金备案。这种方式可以减少省级再担保机构的数据录入工作，由直保机构提报数据，省级再担保机构进行审核，能够确保数据的准确性，但这种方式要考虑直担 SaaS 业务系统是否能适应基层业务中特色需求，以及国家融资担保基金直担 SaaS 业务系统专职科技人员配备是否充足，是否能够及时响应不断变化的业务需求。

二是省级再担保机构有独立的业务体系，通过与国家融资担保基金系统直连，实现对接提报。这种方式可以实现数据的实时传输和更新，能够确保数据的及时性和准确性。同时，由于是直接对接，可以减少中间环节，提高工作效率。

当然，对于这种方式，省级再担保机构需要投入更多的资源和时间进行系统开发和维护，对于一些技术实力较弱的省级再担保机构来说可能存在一定的难度。

三是省级再担保机构和辖内担保机构通过国家融资担保基金再担保业务系统页面录入和批量导入，省域内省级再担保机构和辖内直保机构均要使用国家融资担保基金再担保业务系统的基本备案功能。这种方式较为传统，省级再担保机构的报送方式较为直接，不需要开发业务系统和学习复杂的业务系统功能，但如果省级再担保机构和辖内担保机构的数据录入有误，可能导致备案信息不准确，需要额外的时间和精力进行核对和修正，适合与国家融资担保基金初期合作使用。

因此，这三种途径各有优劣，省级再担保机构可以根据自身的实际情况和需求选择合适的途径进行备案。

再担保业务风险管理

再担保业务风险定义及风险特征

一、风险定义

再担保风险是指在保企业发生逾期、代偿之后通过担保机构传导至再担保公司造成损失或者由于再担保合作体系内担保机构出现重大经营问题产生的风险。在合作的过程中，再担保体系内部的合作担保机构因为主体经营不善及外部客观环境导致的业务合作不畅，从而造成再担保体系出现资金损失、合作关系暂停和合作终止的问题。

二、风险特征

（一）收益与风险的不对等

再担保业务由于其准公共产品属性的特质，风险和收益并不呈正相关。这类业务只能收取较低的再担保费，甚至对于部分政策业务还有免收。而对市场化运营的担保机构普遍存在较高的经营以及财务性的风险，在担保机构面临较高的风险时，再担保要分担风险、承担损失。如果再担保机构自身积累能力不足，同时为再担保机构的政策性再担保业务提供外部补贴补偿的长效机制尚未建立，那么，就存在该部分市场化业务再担保主业收益过低、不能弥补所承担风险的矛盾，造成其在不偏离再担保主业前提下保持可持续发展的风险较大。

（二）承担风险的被动性

再担保机构在面对风险发生时是承担风险的被动者，是整个融资再担保体系风险的最终兜底者，很难将风险再次转移和分散，即使有政府的风险补偿，仍无法摆脱最终的风险兜底人的身份。同时在建立担保、再担保关系之后，担保以及再担保机构都享有追偿权。但是受代偿企业数量的影响，再担保机构通常情况下只能等待担保机构进行追偿，在其追偿之后进行追偿资金的按比例返还，在追偿过程中也被动承担补偿资金损失。

（三）风险来源的多渠道性

再担保业务由于是区域性担保机构的最终合作风险兜底者，受到区域银行等合作单位的信贷政策、外部宏观经济环境以及区域经济环境等各方面变化的影响，某一个银行等合作单位对担保机构的政策出现变化时，反馈到再担保公司就会是多重叠加的风险效果。

另外，区域内担保机构出现经营性风险时，因为担保机构、银行等主体之间存在密切的业务合作关系。任何一方的主体行为产生一定的风险，都会传染至再担保机构。

最后，对于在保融资小微企业的信用风险，对于同一区域、同一行业或者同一类型的被担保企业数量而言，那么，它的相似度越低，爆发系统性风险的可能性越小，反之则越大。同一类型多样本信贷逾期事件的产生，会对合作银行产生预警，那么，增加银行抽贷风险，进而能增加再担保业务出现代偿风险。

所以，再担保机构的风险呈现多样性是多种因素叠加的综合结果。

再担保业务风险管理体系

一、担保机构合作纳入审核

再担保公司在为担保公司提供再担保时，将依据担保公司的实际需要、政策导向以及担保公司风险程度确定合作方式，可采用比例再担保或增信型再担保开展业务，本着利益共享、责任共担原则，再担保公司所承担的再担保责任比例一般不超过合作担保机构实际担保额的50%。

对企业经营方面进行审核时，需要了解其是否经历过改制、名称变更、主营业务变更、重大收购兼并、隶属关系变动等情况，并收集营业执照等重要工商证照；核实股东背景、实力及持股比例；对于股东情况，原则上要求向上追索到自然人层级，以核实实际控制人情况；了解担保机构的重要关联方情况；了解股东之间是否存在纠纷；等等。

对业务发展方面进行审核时，需要调查业务所覆盖区域对其担保业务的开展可能会产生重要影响的经济、政策、法律、信用环境，包括：在保项目行业结构、金额段分布，历年业务情况分析，历年代偿、追偿及损失情况，项目评审及风险管理能力评价，合作银行渠道分布的合理性分析，总体项目风险等级评价，等等。

对数字化建设方面进行审核时，关注对数字化建设是否安全、实用，大数据的应用情况，数字化建设对公司管理及业务工作的推动作用，等等。

对担保机构财务方面进行审核时，重点关注货币资金、短期投资（含委托贷款）、应收款项、存出保证金等，判断资金的真实性、稳定性、可控性，分析资产配置的安全性；关注长期投资情况，判断资产配置合规性；关注存入保证金与应付款项，并与在保项目资料中载明的保证金比例核对，核实担保机构的保证金收取政策、用途及真实性；关注担保赔偿准备、未到期责任准备项目，判断担保机构准备金是否按规定足额提取；关注投资收益的性质，判断担保主业收入结构是否合理且具有可持续性；若存在代管担保基金，则须调查代管基金的运行情况。

二、决策流程

担保机构纳入审核均需要上报项目评审委员会进行审批决策；专项担保产品方案需要对相关材料进行合规性审查，关注专项业务合作方案纳入后对再担保公司承担风险责任额的预判；对于有再担保业务系统的再担保公司，再担保项目纳入可由业务系统进行大数据轮巡审核后进行人工复核，根据相关纳入标准判定纳入比例及是否报送国家融资担保基金等其他分险机构进行分险。

三、保后管理

担保机构保后管理是指对担保机构的治理结构、资信状况、财务状况、内部管理、风险控制、担保项目质量等影响担保机构担保能力和持续发展能力的因素进行跟踪、调查、监控和分析，根据检查中发现的问题采取应对措施的工作过程。对风险分级为“预警”和“终止”的担保机构，由公司项目评审委员会审议并做出是否“中止”或“终止”业务合作的决策。

四、风险预警与数据统计

智能数据体系涵盖各类管理驾驶舱、业务标准建模、客户信息统计、外围接口、图表数据、指标数据等。通过智能数据体系进行风险预警与数据统计工作，能为全面了解再担保业务情况提供决策依据。

对合作担保机构的风险分类管理与风险防控能力指标

一、对合作担保机构的风险分类管理

通过实地考察和信息查询，确认合作担保机构是否有不良信用记录，包括但不限于恶意逾期代偿、被起诉、主要股东及高级管理人员被查处或其他可能导致信用风险的负面信息；可提供代偿的有效资产与在保余额之比；主营担保业务运行是否正常，在保余额与上年同期相比担保规模是否存在变化；代偿率变化；担保机构股东、股权结构、高级管理人员及业务骨干是否发生变化，或经判断该变化是否影响担保机构正常经营，各项监管指标是否符合监管要求等标准。然后，对合作担保机构进行分类管理。

（一）正常类

合作担保机构在有效合作期内在治理结构、合规经营、资信状况、在保项目质量、内控管理、财务状况以及有效代偿能力等方面没有发生异常变化，完全或基本符合监管各项指标要求，预计合作期内不会出现较大风险而导致其当年净代偿率大于3%。

（二）关注类

合作担保机构在有效合作期内的治理结构、合规经营、资信状况、在保项目质量、内控管理、财务状况以及有效代偿能力等方面有较大异常变化，涉及风险管控、财务与资产质量等项重要监管指标出现可逆偏差（注："可逆偏差"是指某些监管指标不符合监管要求，但通过整改可以达标；或即使短时间内难以达标，但不影响担保机构正常经营，特别是不影响其即时代偿能力），预计合作期内不会出现重大风险导致其当年净代偿率大于6%，通过加强风险提示管理并及时采取有效风险化解与处置方式，有可能防范重大风险隐患或较大规模代偿的发生。

（三）预警类

合作担保机构在有效合作期内的治理结构、合规经营、资信状况、在保项目质量、内控管理、财务状况以及有效代偿能力等方面有重大异常变化，涉及风险管理、财务与资产质量等项重要监管指标已部分出现内部不可逆偏差（注："内部不可逆偏差"是指某些监管指标不符合监管要求，通过担保机构自身调整不可能达标，且对担保机构正常经营和代偿能力已产生负面影响或负面影响的可能性增大），预计合作期内有可能出现重大风险而导致当年净代偿率超过6%；或由于担保机构不配合及时提供准确判断其经营状况相关信息，致使风险分级划分工作无法有效进行。

（四）终止类

经了解或自主判断，合作担保机构在有效合作期内发生重大违约与失信事件，已完全或基本上丧失担保与代偿能力，经上报公司项目评审委员会审批后须终止与其再担保业务合作。

二、对合作担保机构的风险防控能力指标

（一）非正常项目占比

这主要指经再担保大数据筛查，截至上季度末担保机构在保项目中关注、预警类项目金额与担保机构在保余额之比。

（二）融资担保代偿率

这主要指截至上季度末担保机构融资担保业务累计发生代偿金额与担保机构融资担保业务在保余额之比。

（三）拨备覆盖率

这主要指截至上季度末担保机构三项准备金余额与担保机构担保代偿余额之比。

（四）依法合规经营情况

这主要涉及担保机构是否存在为地方政府或其他融资平台融资提供担保，是否存在向非融资担保机构进行股权投资，是否存在偏离主业擅自扩大经营范围，是否存在因违法违规而受到监管处罚或负面评价，是否发生重大风险事件等情况。

（五）及时可代偿能力

这主要指担保机构流动资金较风险项目的储备情况以及发生代偿后履行代偿义务的能力。

大数据风控对再担保业务开展的影响

一、更加注重信用等级的评定

大数据风控主要是依托各种信用、征信系统对自然人或者单个企业进行信用等级的评定。

在信贷评估方面，信用、征信系统通过收集个人和企业的信用信息，评估借款人的信用风险。这有助于确保债权人在授予贷款或发放信用卡时能够做出准确的决策。

在风险管理方面，信用、征信系统提供了一个对个人和企业信用记录进行监测和追踪的平台。可以利用这些信息来评估风险，并制定相应的风控策略，以降低潜在损失。

在提升信用度方面，信用、征信系统有助于个人和企业建立和提升信用度。按时偿还贷款、信用卡账单和其他债务，以及保持良好的信用行为，都会记录在个人的信用报告中，从而提高信用度，这有助于提高对还款意愿的评判。

总体来说，信用、征信系统能促进信用经济发展，提高风控体系的稳定性，将风险管控和合规运作作为前提，贯穿到金融科技创新的环节，使各类风险始终处于可管、可控、可承受的范围内。

二、在小微批量业务中加强信息化的运用

对小微业务进行数字化改造，通过整合提炼关键要素信息，利用多维数据进行增信支持，开展客户准入、评级、授信、风险防控、业务审批以及产品定价等工作，为批量化处理提供基础依据。

对小微企业授信主要应用两种模式：一是基于小微企业为授信主体进行授信，二是以小微企业主个人信用为信用主体进行授信。业务信息系统引入税务、工商、司法、征信等基础数据源，围绕地区经济环境、企业、法人及企业关联方等方面初步构建起模型策略与指标体系。通过已经掌握的存量有贷企业财务数据、非财务数据、信用评级结果以及历史违约数据，对小微企业按照风险情况进行风险分级。借助大数据，挖掘公司提供的企业关联信息、企业通用信息、企业主信息、企业及企业主征信数据、税务及法律诉讼等模块的外部大数据，对风险分级结果进行补充和修正。

三、解决项目管理中信息不对称的问题

开展小微业务存在着成本和效率问题，客户信息质量偏低，信息不规范、不对称等导致风控成本较高。其中，不对称主要包括与银行及担保机构的信息不对称，以及评审人员与项目经理的信息不对称。

利用业务信息系统建立与各类数据平台、社保、税务、工商、司法等数据平台的链接数据，组合成不同的模型，逐步延展到整个项目过程管理，实现贷前尽职调查、项目审核、保后预警的全流程管理。在此过程中要对客户数据信息不断跟进，形成风险审核和保后管理系统，能够有效地缓解信息不对称问题，从而降低小微担保业务成本。

四、解决业务开展的效率化问题

目前，小微业务担保规模在业务人员有限的条件下，业务规模上限较难突破，那么，利用业务信息系统，通过大数据等获取服务及审批流程，能提高运营效率，优化动态运营。业务经理可通过业务信息查看放款、签约、到期还款、保后等各个任务，同时配合电子签章的使用，实现电子合同签署等功能，也可以与银行系统对接，向银行发送担保意向函等文件，加快业务流转速度，提高综合效率，进而做大小微企业业务担保规模，同时满足动态保后管理的需求。

动态保后管理是以大数据为依托，运用人工智能等灵活调整风险量化标准及模型，构建智能化体系业务保后管理，充分利用多维数据来实现对在保项目的动态监测，快速预警。根据保后管理的动态信息，对贷前审核的风险评价进行更新，及时发现潜在风险。通过大数据、多维度、大批量数据的积累，不断完善数据库量化分析结果和执行流程，不断提高排灰风险的识别度以及预警及时度，从而形成更好的保后管理风险处理模式，促进风控模式转变。

经营管理实践与探索

法律合规管理

银担“总对总”批量担保业务代偿及追偿模式的法律适用

2019年，国务院办公厅下发的6号文提出构建政府性融资担保机构和银行业金融机构共同参与、合理分险的银担合作机制的基本原则，并首次提出国家融资担保基金要推动与全国性银行业金融机构的“总对总”合作。

自2020年以来，国家融资担保基金开始以银担“总对总”批量担保业务的形式探索建立银担分险的新型合作机制，通过省级担保、再担保机构推动辖内融资担保机构与银行业金融机构开展“总对总”合作，充分发挥银行体系服务网点和风控资源优势，提高担保服务效率，扩大担保服务面。三年来，银担分险合作机制已在全国范围内广泛推广，切实缓解了小微企业、“三农”、创业创新等普惠领域融资难、融资贵的问题。

随着业务规模的扩大，银担“总对总”批量担保业务的代偿及追偿问题越来越引起各方的重视，值此“总对总”业务（2020版）试点工作基本收尾、新版“总对总”业务平稳起步的阶段，试以两版“总对总”业务合同为基础，分析银担“总对总”批量担保业务代偿及追偿模式的法律适用。

一、银担“总对总”批量担保业务基本模式

按照6号文“原则上国家融资担保基金和银行业金融机构承担的风

险责任比例均不低于20%”的要求，银担“总对总”批量担保业务始终坚持银行和承办担保机构分别按贷款金额的20%、80%分担风险责任，即我们常说的“二八分险”机制。就政府性融资担保体系内部而言，对于承办担保机构对外承担的80%风险责任，新版合同中承办担保机构、省级再担保机构和国家融资担保基金按贷款金额分别承担40%、20%、20%的风险责任（2020版为30%、20%、30%）。在此基础上，银担“总对总”批量担保业务还设有3%的担保代偿率上限，为简化分析的目的，暂不考虑该担保代偿率上限。

二、关于代偿模式的分析

在代偿方面，为保障及时代偿，稳定银行代偿预期，两版“总对总”业务合同均采用了保证人和代偿资金的付款人分离的方式。2020版合同创设了“担保代偿补偿备付金”机制，由省级再担保机构在合作银行省级分行设立担保代偿补偿备付金账户，用于归集担保代偿补偿备付金及担保代偿补偿款项支付。国家融资担保基金、省级再担保机构、承办担保机构根据实际发生的合作业务规模、各自承担的风险责任及担保代偿金额上限，按照合同约定分期在备付金账户存入担保代偿补偿资金。担保贷款项目发生风险，需要进行担保代偿时，在相关方审核通过后，由银行分行按照备付金账户委托管理协议直接从备付金账户向承办银行支付代偿资金，用以履行承办担保机构对承办银行的担保代偿责任、省级再担保机构对承办担保机构的再担保补偿责任及国家融资担保基金对省级再担保机构的再担保补偿责任。在此模式下，因备付金账户开立在省级再担保机构名下，从对外资金流向来看，表现为省级再担保机构向承办银行支付了代偿资金。新版合同则更为直接地约定了由国家融资担保基金统一为承办担保机构向承办银行先行支付代偿资金。

不管是省级再担保机构还是国家融资担保基金支付代偿资金，在形式上都产生了保证人与代偿资金的付款人分离的情形，这在追偿过程中都可能导致债务人及反担保人提出抗辩：保证人未实际承担保证责任。目前，部分省市已经对此提出了疑问和顾虑，这里以新版合同为例进行分析。

首先，承办担保机构与承办银行签订《银担“总对总”批量担保业务合同》（下称“《担保业务合同》”），约定了承办担保机构向承办银行提供连带责任保证担保。单笔贷款的保证范围为主合同项下债务人所应承担的全部债务本金及正常利息之和的80%。其次，《担保业务合同》约定国家融资担保基金支付代偿资金的性质为代付，承办银行应向承办担保机构出具解除担保责任确认书。再次，被保证人向承办担保机构出具《委托担保函》，就委托承办担保机构为其提供担保，以及国家融资担保基金代保证人支付代偿资金的行为进行了全面约定和认可，该函约定“委托人未按《借款合同》约定向贷款银行清偿债务或正常利息导致保证人代偿的，由国家融资担保基金有限责任公司代保证人先行向贷款银行进行支付，保证人自国家融资担保基金有限责任公司代偿之日起取得追偿权”。综上可以看出，不管是作为债权人的承办银行，作为债务人的借款人，还是作为保证人的承办担保机构，三方对于各自在债权债务关系及担保关系中的法律地位都是知晓并认可的，三方对于国家融资担保基金的代付行为也形成了合意。最后，国家融资担保基金在与省级再担保机构签署的《银担“总对总”批量再担保业务合同》中也对其支付代偿资金的代付性质及承办担保机构获得相应债权的追偿权进行了确认。根据上述合同条款，国家融资担保基金还与法人银行总行通过签订合同明确国家融资担保基金对银行的合作期限并规定权利义务等。从上述合同安排可以看出，新版“总对总”业务的合同体系设计已经试图从各方意思表示一致的角度来认可和解决保证人与代偿资金的付款人分离的问题，一般而言，上述合同约定与实际履行情况相结合应能证明国家融资担保基金支付代偿资金的行为效力及于承办担保机构，承办担保机构实际履行了担保责任。

但在实践中，特别是在再担保法律实践缺乏的省市，仍可能存在法院对担保和再担保法律关系认识不充分的问题，特别是在“总对总”业务中再担保补偿资金与担保代偿资金清算叠加的情况下［国家融资担保基金向承办银行代付 80% 风险责任金额后，政府性融资担保体系内代偿（补偿）资金清算方式为：承办担保机构向省级再担保机构支付 40% 风险责任金额，省级再担保机构向国家融资担保基金支付 60% 风险责任金额，最终实现三方分别承担 40%、20%、20% 的风险责任］，仍要注意避免法院根据承办担保机构仅实际支付 40% 风险责任金额的情况径直判定承办担保机构仅履行了 40% 的保证责任。因此，建议在具体业务合作中，担保机构加强与合作银行的沟通，确保承办银行在其出具的解除担保责任确认书中，一是明确认可国家融资担保基金代付行为的效力及于承办担保机构，二是按国家融资担保基金代付金额写明承办担保机构实际承担的保证责任金额。在此基础上，还需要在具体案件中做好证据收集归纳及向法院阐明“总对总”业务模式的工作，以在具体案件中取得预期效果。必要时，也需要国家融资担保基金在顶层设计层面与最高人民法院达成共识，在指导“总对总”业务法律实践的同时为再担保行业法律法规的出台起到试验引领的积极作用。

三、关于追偿模式的分析

在追偿方面，两版“总对总”业务合同均在不同程度上采取了共同追偿的模式，即承办银行和承办担保机构共同负责对担保代偿项目进行债权追索，追索获得的资金在扣除必要追偿费用后按业务风险分担比例进行分配。其中，2020 版合同还约定了一方有权委托另一方就相应的债权进行追索。国家融资担保基金倡导此约定的初衷在于贯彻“二八分险”机制，防止银行通过收取保证金等方式规避分险，这对于落实银担分险机制具有正面的意义。然而，“共同追偿，按比例分配”看似美好，从法律实践上来看却存在不小的困难。

首先，在追偿实践中，通常非诉追偿和诉讼追偿方式并存，非诉追偿采用共同追偿的方式并无实质困难，而诉讼追偿如何采用共同追偿的方式却还有待商榷。2020 版合同约定了委托追偿的方式，该方式在非诉追偿时能够发挥效用，但是涉及诉讼时面临与现行民事诉讼法律规定相冲突的难题。《中华人民共和国民事诉讼法》第一百二十二条规定原告是与本案有直接利害关系的公民、法人和其他组织。民事诉讼中的正当当事人，通常是指民事实体法律关系的权利人或义务人。权利人委托授权他人以当事人的身份参加诉讼在学理上称为任意诉讼担当，《中华人民共和国民事诉讼法》关于起诉条件的上述规定以及司法实践中对当事人资格的审查均以实体法律关系为核心，除非法律有明确的规定，非实体法律关系的主体很难通过诉讼担当成为当事人，受托追偿的一方直接起诉缺乏法律依据，实质上的共同追偿也就无从谈起。承办银行和承办担保机构只能在各自诉讼的情况下实现共同追偿。

其次，在各自诉讼的情况下，按比例分配也面临一定的困境。一是，因银担双方风险接受程度的不同，可能选择不同的担保、反担保策略，导致双方面向的追偿主体不同。若银行除承办担保机构外不要求其他主体提供担保，而承办担保机构要求借款人的实际控制人提供反担保，则承办担保机构对于自身承担的 80% 风险责任可以向借款人的实际控制人追偿，然而按比例分配将导致承办担保机构即使全额追偿回款也会出现 16% 的风险敞口。新版合同已经约定，如有除承办担保机构之外的第三人（自然人）为承办银行提供保证担保的，承办银行应同时确保该第三人（自然人）为同一笔担保贷款向承办担保机构提供反担保，但还未能实现担保、反担保措施的完全统一。二是，如前所述不管银行还是担保机构都只对自身承担的风险责任享有诉权，一旦将自身取得的追偿回款向另一方进行分配，而另一方却未取得等比例的回款并反向分配，则会出现实体权利未全部实现而诉权丧失的尴尬局面，反而降低相关主体的追偿积极性。三是，由于银担双方对各自取得的追偿回款都负有向对方分配的义务，导致其债权权利的完整性受到限制，这也制约了各方采用债权转让等多元化处置方式进行债权处分。

"共同追偿，按比例分配"的追偿模式作为"二八分险"机制在追偿上的延伸，对于落实银担分险具有正面的意义，但是在当前的法律框架下，其具体落地仍存在不小的困难，各自追偿也不失为一种选择方式，建议在具体操作中，仍可由省级再担保机构与银行省级分行协商，自主选择适用的追偿模式。从长远来看，建议在时机成熟后参照知识产权领域对任意诉讼担当的立法实践，通过法律规定的认可为共同追偿打开道路。

综上所述，国家融资担保基金为承办担保机构先行支付代偿资金的行为体现了国家融资担保基金为承办担保机构担保的银行债权进行增信，达到了保障及时代偿的目的。随着银担"总对总"批量担保业务的推陈出新、全面铺开，银担分险的新型银担合作机制也越来越深入人心。

参考文献

[1] 陈国欣. 任意诉讼担当容许性的类型化分析 [J]. 华南理工大学学报（社会科学版），2022，24(5):60–70.

[2] 纪格非. 功能论视角下任意诉讼担当的类型研究 [J]. 东方法学，2020(2):159–169.

《中华人民共和国民法典》视角下未征得抵押人配偶同意抵押共有不动产的效力问题

一、抵押人擅自抵押共有不动产对抵押合同效力的影响

20世纪90年代制定《中华人民共和国合同法》（下称“《合同法》”）时并没有将物权与债权进行严格区分，更没有对“物权行为”的效力进行独立判断，在此背景下，《合同法》得出了无权处分合同“效力待定”的结论，根据该法第五十一条“无处分权的人处分他人财产，经权利人追认或者无处分权的人订立合同后取得处分权的，该合同有效”，即如果权利人拒绝追认，无权处分人与第三人（如抵押权人）签订的合同（如抵押合同）将归于无效。此时，由于合同归于无效，第三人不能再基于合同向无权处分人主张违约责任，主张继续履行更成为奢望，只能向无权处分人主张缔约过失赔偿责任，然而无论是第三人能够主张的赔偿数额，还是第三人在争议时候的举证责任方面，《合同法》对第三人的保护还有提升空间。

《合同法》出台后，关于无权处分合同的效力问题，在理论、立法和司法层面都成为争论最大的问题之一，围绕如何保护善意第三人利益、维护交易秩序和交易安全等问题，立法和司法层面都做出了反思和努力。2007年颁布的《中华人民共和国物权法》（下称“《物权法》”）引入

的“善意取得”制度，明确在满足特定条件的情况下善意第三人可以取得标的财产。2012 年最高人民法院颁布的《关于审理买卖合同纠纷案件适用法律问题的解释》也认可了“无权处分”合同的效力。但是受制于法律适用范围、立法位阶等因素，上述规定没能从根本上解决《合同法》第五十一条的问题，司法实践中关于无权处分合同效力问题的纠纷，同案不同判的现象时有发生。

《中华人民共和国民法典》（下称“《民法典》”）第五百九十七条认可了无权处分时的合同效力，结合《民法典》第六百四十六条的规定，抵押人未经其配偶同意，擅自抵押共有不动产的情形，不再影响抵押合同的效力。最高人民法院于 2022 年 11 月发布的《关于适用〈中华人民共和国民法典〉合同编通则部分的解释（征求意见稿）》第二十条更加明确地指出“转让他人的不动产或者动产订立的合同，当事人或者真正权利人仅以让与人在订立合同时对标的物没有所有权或者处分权为由主张合同无效的，人民法院不予支持。……转让他人的其他财产权利或者在他人财产上设定用益物权、担保物权订立的合同，适用前三款规定”。

上述立法态度的转变对各级法院的司法裁判也产生较大的影响。例如，北京市二中级人民法院在（2021）京 02 民终 3858 号民事判决书中明确指出“无权处分不必然导致抵押合同无效，更不必然导致所设立的抵押权无效”。

根据《民法典》及相关司法解释中有关无权处分合同效力的规定，抵押人未经其配偶同意擅自抵押共有不动产，对抵押合同效力没有影响，在没有法律、行政法规规定的其他无效事由的情况下，抵押合同有效。

二、抵押人擅自抵押共有不动产对抵押权的影响

《民法典》及相关司法解释对无权处分合同效力的认可并不意

味着《民法典》忽视抵押不动产上共有人的利益，根据《民法典》第三百一十一条的规定，无处分权人将不动产或者动产转让给受让人的，受让人不符合善意、有偿、公示等善意取得的构成要件，原所有权人有权追回，当事人善意取得其他物权的，参照适用上述规定。

在司法实践中，抵押人未经其配偶同意，擅自抵押共有不动产的案件中，抵押权人通常已经发放了贷款并办理完抵押登记手续，发生争议往往起因于贷款到期未偿还，抵押权人行使抵押权，此时，抵押人配偶主张不动产抵押因未征得其同意而无效。此类案件争议的焦点通常在于抵押权人在取得抵押权登记时是否“善意”，如果抵押权人构成善意，此时，抵押权人依据《民法典》第三百一十一条的善意取得制度取得抵押权自不待言。如果抵押权人在办理抵押登记时不构成善意，根据《民法典》第三百一十一条的规定，抵押权人将不能取得抵押权。

关于“善意”的认定标准，《〈民法典〉物权编的解释（一）》第十四条将“善意”解释为“不知道无权处分事实，且无重大过失”，从司法实务来看，争议较多的通常是抵押权人在取得抵押权时是否“无重大过错”。

在认定抵押权人是否存在重大过错的问题上，人民法院普遍采取“主观主义”的裁判思路，即结合抵押权人的专业能力、行业背景等因素判断抵押权人在接受抵押权时是否存在重大过错。在此过程中，人民法院通常认为银行、融资担保公司、小额贷款公司等金融机构作为专业机构，相较于其他民事主体有更高的专业能力，因此在接受不动产抵押时应当苛以更高的注意义务。例如，北京市第二中级人民法院审理的（2019）京 02 民终 14316 号案件中，法院认为“A 公司作为从事小额贷款业务的专业机构，应对作为抵押人侯某某的个人婚姻情况以及抵押财产是否涉及夫妻共同财产履行合理的注意义务。而 A 公司在对涉案房产办理抵押登记过程中未尽审慎义务，在未审查侯某某婚姻状况的前提下对房屋实质权属状况仅凭房产证外观记载予以认定，有积极放任抵押权形成之嫌。A公司的上述行为已构成重大过失，故应认定A公司非属善意，A公司不构成对涉案房产上抵押权的善意取得”。然而，对于自然人等其他民事主体作为抵押权的案件，法院对抵押权人的注意义务有所降低，通常将抵押权人的注意义务限定在对抵押房产登记情况的查验。例如，在北京市第一中级人民法院在审理的（2021）京01民终11156号案件中，法院认为“虽然当时涉案房屋应属李某1与黄某1的夫妻共同财产，黄某1擅自办理抵押构成无权处分，但唐某基于对登记公信力的信赖，有理由相信黄某1为该房屋的所有权人，李某1提交的证据不足以证明唐某在办理抵押登记时知道或应当知道涉案房屋系夫妻共同财产，且办理抵押当日唐某通过银行转账给黄某11 100万元借款，故唐某对涉案房屋的抵押权符合不动产善意取得的构成要件，该抵押权有效”。

基于以上现象，专业的融资担保公司在接受不动产抵押时，既要求抵押人提供不动产所有权证明，对房产登记信息进行查验，也要求抵押人提供户口簿、结婚证/离婚证、离婚协议等婚姻关系证明，以此对抵押房产的权属状态进行实质判断。在必要情况下，我们也倡导业务人员对抵押房产进行实地核验，以验证其真实权属，在抵押房产有其他共有人的情况下，要求其他共有人书面同意不动产抵押，通过该种方式最大限度地保障抵押权的有效落实。

三、抵押人无权处分共有不动产，且抵押权人未能善意取得时，抵押权人的权利救济

如前所述，根据《民法典》规定，抵押人未经共有人同意，擅自处分抵押房产时，如果没有法律或者行政法规规定的合同无效情形，抵押

合同有效，但是如果抵押权人在办理抵押登记时存在重大过错，抵押权人不能取得抵押权。最高人民法院于 2022 年 11 月发布的《关于适用〈中华人民共和国民法典〉合同编通则部分的解释（征求意见稿）》也持相同的观点，根据该征求意见稿第二十条“无权处分订立的合同被认定有效，除真正权利人事后同意或者让与人事后取得处分权外，受让人请求让与人履行合同的，人民法院不予支持；受让人主张解除合同并请求让与人赔偿损失的，人民法院依法予以支持”。

此时，尽管抵押权人最终无法取得抵押权，但是其可以基于合法有效的抵押合同向抵押人主张违约责任（征求意见稿所称的赔偿损失），至于具体承担方式，应当适用《最高人民法院关于适用〈中华人民共和国民法典〉有关担保制度的解释》（下称“担保制度解释”）第四十六条“因抵押人转让抵押财产或者其他可归责于抵押人自身的原因导致不能办理抵押登记，债权人请求抵押人在约定的担保范围内承担责任的，人民法院依法予以支持，但是不得超过抵押权能够设立时抵押人应当承担的责任范围”。

参考文献

[1] 黄薇 . 中华人民共和国民法典合同编释义 [M]. 北京：法律出版社，2020：323.

《中华人民共和国民法典》债务加入制度对母贷子用的影响

《中华人民共和国民法典》（下称"《民法典》"）的出台首次确定了"债务加入"的概念，确定了其效力规则。由于债务加入的责任重于连带责任保证，因此法律要求债务加入应参照公司对外担保的规则确定其效力。我们以某商业银行母贷子用条款为例讨论《民法典》及担保制度解释关于债务加入的条款对于母贷子用条款的效力影响，担保公司需要注意审查债务人及其子公司是否由适当的权力机构做出了母贷子用的相关决策。

一、债务加入的概念

所谓"债务加入"也称并存的债务承担，是指第三人与债务人约定加入债务，或者第三人向债权人表示愿意加入债务，作为新债务人和原债务人一起向债权人承担连带债务。

《民法典》第五百二十五条第一次在法律中确立了债务加入的概念："第三人与债务人约定加入债务并通知债权人，或者第三人向债权人表示愿意加入债务，债权人未在合理期限内明确拒绝的，债权人可以请求第三人在其愿意承担的债务范围内和债务人承担连带债务。"

我们理解，无论是通知债权人还是债权人未在合理期限内拒绝，均需要债权人的明示追认或默示接受。在实践中，除了上述两种操作之外，还可能发生债权人、债务人、第三人达成债务加入的三方合意；或第三人直接与债权人达成了债务加入的合意。由实践也可看出，因债务加入是对第三人债权的一种处分形式，因此，都需要与债权人达成合意或债权人追认才能成立债务加入。

而债务加入的结果就是第三人与债务人承担连带债务。虽然债务加入与连带责任保证都具有担保债权实现的功能，但此处的承担连带债务和连带责任担保还是有一定区别的。其一，债务加入人所负担的债务与原债务人的债务构成连带债务，而连带责任保证债务与主债务并不构成连带债务关系。连带责任保证的主债务跟保证债务之间具有主从关系，即主债权灭失，则连带责任保证债务也随之灭失，但连带债务不具有这种主从关系。其二，连带保证人承担保证责任后，享有法律拟制的追偿权，可以依照法定比例或约定比例对债务人甚至其他担保人追偿。但债务加入人履行连带债务后，是否享有追偿权，享有追偿权的比例在没有约定的情况下是存在争议的。此外，学界通说的区别还有连带保证具有保证期间和诉讼时效的限制，而债务加入后产生的连带债务仅具有诉讼时效的限制。审判实践中总结的区别还有若第三人对履行债权存在直接经济利益，应推定为债务加入等观点。但我们认为，第一点和第二点性质的区别和行权后果的区别是更加明显和本质的区别。从性质上来说，连带责任保证中，保证是从属于主债权的从属关系，但债务加入是两个平行的债务关系。从后果来说，债务加入人的追偿权和追偿权比例在无约定的时候是否享有和享有比例都存在较大争议。

二、《民法典》对债务加入的效力规定

（一）效力规定

从 2019 年《全国法院民商事审判工作会议纪要》（下称“《九民纪

要》”）第二十三条开始，就规定了债务加入应参照关于公司为他人提供担保的有关规则处理，《民法典》担保制度解释第十二条继承了这种思路，即按照上述规定，无论公司是加入新的债务，还是对外提供担保，都应当遵守《中华人民共和国公司法》（下称“《公司法》”）第十五条的相关规定，按照公司规章制度由相应的权力机关出具决议后，公司实施的债务加入和对外担保才是有效的。

（二）违反效力规定的后果

关于违反担保制度解释第十二条，债务加入人未参照《公司法》关于公司对外担保决议程序的规定，结合担保制度解释第七条有关相对人是否善意的规定，则债务加入人未按公司对外提供担保的有关规则由权力机构进行决策的，在债权人未尽审慎义务的情况下，可能会被认定为债务加入的合同对加入人不发生效力。

三、以某商业银行条款为例讨论母贷子用的性质

母贷子用在融资担保行业越来越常见，各家银行为了拓展业务也纷纷修改合同，以便开展母贷子用业务。

此处以一商业银行对母公司授信协议中的母贷子用条款为例：“乙方申请，甲方同意，乙方指定的下属子公司或/及其他关联企业（下称‘乙方指定企业’）因业务需要可向甲方申请办理融资……该等融资额度占用甲方向乙方提供的上述授信额度。甲方根据乙方指定企业申请办理上述任何一笔融资业务，乙方均为乙方指定企业在授信额度内与甲方签订的具体融资协议和/或相关文件中的各项义务对甲方承担连带责任。即，乙方指定企业使用乙方在甲方于《授信协议》项下从甲方获得的授信额度所形成的债务，乙方均无条件承担连带清偿责任……”

这种母贷子用的条款属于连带责任保证，还是债务加入，分歧较大。依据担保制度解释第三十六条规定：“……第三人向债权人提供的承诺文件，具有加入债务或者与债务人共同承担债务等意思表示的，人民法院应当认定为《民法典》第五百五十二条规定的债务加入。”对此可以做如下考量。

第一，从文义分析，上述条款明确了基础交易债务为乙方指定企业与商业银行办理的融资业务，乙方指定企业为债务人，商业银行为债权人。而乙方在授信协议中承诺，对乙方指定企业与商业银行的债务，乙方均无条件承担连带清偿责任。从“无条件”“承担连带清偿责任”字样可以看出，乙方对商业银行的承诺是不以乙方指定企业是否偿还债务为前提的，与乙方指定企业的债务不具有从属关系，乙方的承诺构成了与商业银行之间的平行债务，因此，从文义上看更倾向于债务加入。

第二，从债务履行顺序看，上述乙方承诺更是构成了独立性承诺。所谓“独立性承诺”，是指第三人向债权人表示，如果债务履行期限届满，其可以为债务人履行债务。与补充性承诺相反，补充性承诺具有一定顺序性、或然性、补偿性。因此，乙方对商业银行的承诺并非补充性承诺，更倾向于认定为债务加入。

第三，在司法实践中判断是担保还是债务加入往往还考虑一个因素，即第三人自身对债务履行是否具有经济利益。在母贷子用关系中，母公司往往能从子公司实现经济利益，母公司可以通过股权分红等获得实际的经济利益，也可以因为替子公司还清外债、改善子公司财务状况，从而改善母公司的财务报表。从这个角度看，母贷子用的条款更贴近于债务加入。

四、母贷子用的效力规定对担保公司的影响

从上述分析可以看出，该商业银行设定的母贷子用条款更贴近于债

务加入。而无论其性质是债务加入还是担保，都需要参照公司对外担保的效力规则，按照公司对外担保的程序进行决策。否则，可能影响债务加入条款的授信协议的效力。

而授信协议的效力瑕疵，将直接影响担保公司与银行签订的担保合同效力，因在母贷子用的项目中，授信协议往往是担保公司所保证的主债权，而担保因其具有从属性，在授信协议存在效力瑕疵时，保证协议效力也会随之被影响。根据现行担保制度解释第十七条规定，担保公司作为保证人可能根据不同的过错程度承担 0 ~ 1/3 不等的责任份额。虽然担保人在承担担保责任或赔偿责任后，也可以依据担保制度解释第十八条或第十九条的规定，向债务人或反担保人进行追偿，但在实践中，往往由于担保公司先行向银行进行代偿，而债务人实际上是在被追偿的过程中提出效力规则的抗辩，将会导致追偿被迫终止，更为重要的是，整个代偿行为就会丧失法律依据。

因此，在实践中，往往要求担保公司在提供担保时，应谨慎审查企业在签订包含母贷子用的授信协议时，是否履行了法律要求的对外担保决策程序，以确保担保公司提供保证的主合同效力无瑕疵。

参考文献

[1] 王利明 . 论“存疑推定为保证”：以债务加入与保证的区分为中心 [J]. 华东政法大学学报，2021（3）：6-17.

[2] 程啸 . 保证合同研究 [M]. 北京：法律出版社 , 2006：50-54.

[3] 刘茜萌 . 浅析债务加入与保证的推定规则 [J]. 法治与社会，2020(27):49-50. DOI：10.19387/j.cnki.1009-0592.2020.09.202.

混合担保中责任承担顺序对担保公司的影响和思考

在我国《民法典》即将生效的前一天，最高人民法院关于适用《中华人民共和国民法典》有关担保制度的解释（下称“担保制度解释”）也随之出台，并与《民法典》同一天生效。虽然《民法典》与担保制度解释出台的时间相隔很短，但也可以看出担保制度解释做出了一些新的变化，可以说是对《民法典》颁布后，结合学术界及实践中的各种意见对《民法典》担保部分做出了一些有益补充。本文是对《民法典》第三百九十二条及担保制度解释第十八条对实践影响的一些思考。

一、混合担保责任承担顺序的法律沿革

（一）《中华人民共和国担保法》的规定

《中华人民共和国担保法》（下称“担保法”）第二十八条：“同一债权既有保证又有物的担保的，保证人对物的担保以外的债权承担保证责任。债权人放弃物的担保的，保证人在债权人放弃权利的范围内免除保证责任。”

可见，当时的《担保法》规定了债权人应当先实现物的担保，物的担保的债权实现顺序优先于人的保证，人的保证仅在物的担保以外的范围承担担保责任。这个时代更多地考虑经济和效率的问题，债权人对实

现物的担保更具便利性和可操作性。这种考虑随着社会的发展和经济的发展也在慢慢动摇，从最高人民法院关于适用《中华人民共和国担保法》若干问题的解释（下称“担保法解释”）的内容可以看出改变。

（二）担保法解释的规定

担保法解释第三十八条：“同一债权既有保证又有第三人提供物的担保的，债权人可以请求保证人或者物的担保人承担担保责任。”

从担保法解释的规定可以看出，法律不再一刀切地认为应当先实现担保物权，开始区分债务人的物的担保和第三人的物的担保，并将第三人的物的担保和第三人保证放到同等地位，规定了在既有第三人的物的担保又有第三人保证的情况下，债权人可以自行决定担保人承担责任的顺序。并且，这种将第三人的物的担保和第三人保证放到平等地位的趋势在《物权法》里得到了明确的体现。

（三）《物权法》第一百七十六条

被担保的债权既有物的担保又有人的担保的，债务人不履行到期债务或者发生当事人约定的实现担保物权的情形，债权人应当按照约定实现债权；没有约定或者约定不明确，债务人自己提供物的担保的，债权人应当先就该物的担保实现债权；第三人提供物的担保的，债权人可以就物的担保实现债权，也可以要求保证人承担保证责任。提供担保的第三人承担担保责任后，有权向债务人追偿。

《物权法》明确了债务人的物的担保在实现债权顺序上具有绝对的优先性，在没有实现债务人自己提供的物保的情况下，债权人不应要求债务人以外的其他担保人承担责任。进一步在担保法解释的基础上明确了债务人自己提供物保在实现顺位上优先于第三人提供的物保的观点。

二、《民法典》对有物保情况下第三人保证承担责任顺序的规定与思考

根据《民法典》第三百九十二条的规定，没有约定或者约定不明确，债务人自己提供物的担保的，债权人应当先就该物的担保实现债权；第三人提供物的担保的，债权人可以就物的担保实现债权，也可以请求保证人承担保证责任。提供担保的第三人承担担保责任后，有权向债务人追偿。

《民法典》的规定大部分延续了《物权法》的规定。根据《民法典》的规定，在债务人有物保的情况下，债权人“应当”先就债务人的物的担保实现债权，只有在第三人提供物的担保与保证人并存的情形下，债权人才有选择的权利。通过《民法典》的法条解读可以看出，立法者在背后还是有着层层递进的逻辑思考：首先，立法者充分尊重意思自治的原则，如果对物的担保和认定担保关系有约定的情况下，则尊重当事人的意思选择；其次，只有在没有约定或者约定不明的情况下，为了免去保证人承担责任后行使追索权的烦琐，才规定债权人应当先通过债务人提供的物的担保实现债权，充分贯彻了《民法典》公平和效率优先的原则；最后，在存在第三人物保和第三人担保的情况下，且没有约定各担保关系的情况下，债权人有权自行选择实现债权的方式和顺序。这是由于无论是第三人物保还是第三人保证，都不是最终的债务人，此时，债权人的意愿应当得到尊重，可自行选择实现债权的方式。

三、担保制度解释的变化对担保公司的影响

但是，担保制度解释第十八条规定了：“同一债权既有债务人自己提供的物的担保，又有第三人提供的担保，承担了担保责任或者赔偿责

任的第三人，主张行使债权人对债务人享有的担保物权的，人民法院应予支持。”

上述解释似乎是将《民法典》第三百九十二条的规定又撕开了一个裂口，允许了债权人可以在不实现债务人物的担保的情形下先行要求担保人承担责任。这些变化充分体现了学术界在这个问题上不同意见的多年反复交锋，导致司法也在逐渐发生变化。笔者认为，这是司法解释在充分考虑现实的情况下作出的妥协。实践中，银行、小贷公司等债权人的地位往往比较强势，无论是出于避免追偿的烦琐性还是其他原因考虑，担保公司往往在存在债务人物的担保的情况下也可能被要求先行承担担保责任，再向债务人追偿。本条司法解释为债权人先行向担保人追偿打开了张口，也在一定程度上考虑到担保人的无奈，并赋予了担保人债权人的地位，可以直接向债务人行使担保物权，一定程度上解决了担保人追偿过程中的困境和地位问题。

我们认为，本条司法解释赋予担保人的权利在本质上是代位权，而不仅仅是追偿权。两者在很多层面上都有相似的功能，但还是存在很多区别，其中最本质的一条是追偿权是基于代偿行为形成的新的债务，原来的债权债务已经消灭，但由于代偿行为，产生了新的债，这种债可能是基于委托担保关系产生，也有可能是没有委托关系而产生的无因管理之债，其追偿可以依据委托担保关系追偿而无须考虑已经消灭的债权债务关系。法定代位权的实质是债权的法定转移：担保人承担担保责任后，被清偿的债权本应归于消灭，但法律拟制债权继续存在，承担保证责任的保证人取得法定代位权，其目的是保障担保人向债务人追偿。也就是说，代位权意味着担保人取代了原来债权人的地位，继续在原来的债权债务关系中享有债权人地位。本条司法解释正是这种债权法定转移的体现，使得担保人在承担担保责任后，可以替代债权人的地位，实现对债务人的担保物权。可以看出，本条解释谨慎地只对有债务人自己物保尚未实现的情况下，才赋予了履行担保义务的担保人享有代位权，并未完全拟制担保人在代偿后即享有代位权。

因此，在目前法律的考虑下，担保公司还是应当依据现行的担保制度解释继续完善委托担保合同及其相应的反担保合同，使得担保公司在代偿后有更为明确的追偿依据，甚至对于代偿的转账手续费、律师费等小额费用也应尽量明确约定，避免可能发生因缺少合同依据而使得反担保人免于承担上述费用的连带责任的情况。

四、对担保公司的影响

针对混合担保中担保责任实现顺序的问题，担保制度解释为担保公司在承担担保责任后，取得债权人地位可以实现对债务的担保物权提供了制度基础和法理依据。

担保公司也应当充分理解，《民法典》第三百九十二条赋予了担保公司意思自治的权利，在实践中谈判地位允许的情况下，应当明确各担保之间的关系，如约定债权人应当先行实现债务人或第三人物的担保后才可对担保公司进行追偿，可在较大程度上减小担保公司代偿的压力，也在一定程度上减小了担保公司追偿的压力。

在实在没有办法达成有利于担保公司的意思自治的情况下，只能将《民法典》第三百九十二条关于“债务人自己提供物的担保的，债权人应当先就该物的担保实现债权”的规定理解为非义务性规定，或者理解为不属于真正的义务，即债权人在债务人存在抵押的情况下仍可以要求第三方保证人承担担保责任。此时，担保公司往往会按照债权人要求承担担保责任。但承担担保责任后，应当第一时间依照担保制度解释第十八条的规定，及时启动追偿程序，对债务人的抵押、质押物进行保全、查封等相关措施，以保证担保公司的追偿权得以实现。

参考文献

[1] 黄薇 . 中华人民共和国民法典物权编解读 [M]. 1 版 . 北京：法律出版社，2022: 621−625.

增信措施的担保定性

近年来，我国金融行业蓬勃发展，各类金融产品不断涌现，债权债务纠纷也越来越多，为了保障债权的实现，在金融交易过程中往往会增加增信措施作为保障。随着《九民纪要》第九十一条、担保制度解释第三十六条的出台，法律界对增信措施的法律定性达到新的高度，特别是关于应当将增信措施认定为债务加入还是保证担保的争议增多。在严格意义上，增信措施可区分为内部增信措施和外部增信措施，内部增信措施的主体是被增信方及其财产，外部增信措施的主体是第三方，常见于金融交易。下文就外部增信措施为对象，结合具体案例，对认定增信措施为担保的情形提出一些看法。

一、增信措施的概念与特征

（一）增信措施的概念

增信措施常见于我国金融实践，法律上并没有赋予其严格的定义。关于增信措施的定义，学界存在着以下不同观点。有观点认为，“增信”按照词义解释就是增加信用或信用增级，增信措施是指债务人为了改善融资条件、降低融资成本，通过各种手段和措施来降低债务违约概率或减小违约损失率，以提高债务信用等级的行为。有观点认为，增信措施是指典型的保证方式以外、第三方提供的、能够增加债务人信用和保障债权人债权实现的措施或方式，包括但不限于债务加入、第三方差额补足、到期回购以及流动性支持等。上述两种观点分别是从行为的目的和内容角度出发进行解读的。结合上述两种观点，可以对增信措施做如下理解：增信措施是指为了保障债权人的债权实现，第三方通过与债权人订立书面协议或向债权人提供书面文件，从而提高债务人的信用等级、降低债务的违约概率的各种措施的总称。

（二）增信措施的特征

增信措施是以债权债务关系主体以外的第三人，采用书面方式为债务人增强信用的行为。增信措施作为保证担保具有以下特征。

1. 增信措施中提供保证担保的主体是第三人，而非债务人

增信措施是第三人通过特定方式向债权人承诺，从而为债务人增信，不能是债务人为自身增信。在实践中，也存在债务人为自身增信的行为，包括抵押、质押等，这属于内部增信措施，不属于本文所讨论的范围。

2. 增信措施中第三人提供的保证担保是“人保”，而非“物保”

法律约定的差额补足、流动性支持等都是第三方以自身来担保债权人债务的实现，而非以其提供的特定财产为债务人进行担保。

3. 增信措施原则上以书面形式做出

法律规定的担保债权的方式通常是通过合同的订立来加以确认的。在通常情况下，保证也有保证合同的书面形式，当然也可以用保证函等方式提供保证。第三人承诺提供增信措施的担保应以要式方式，以示增信行为的严肃性和据以作为书证。

4. 增信措施具有多元化的特征

目前，担保制度解释中共提到三种增信承诺，分别是差额补足、流

动性支持与溢价股权回购。在实践中，还常常会有代为履行到期回购义务、第三方收购、安慰函等。

二、增信措施的担保定性

（一）依据

目前，担保制度解释第三十六条是我国法律体系中关于增信措施性质的仅有的法律规定。此前，《九民纪要》第九十一条对增信措施的性质进行了阐述，应当判断该增信措施是否属于保证。若可以，则按照保证的相关规定规制；若不能认定，则尊重当事人的意思自治，依照协议中的约定执行。担保制度司法解释第三十六条在《九民纪要》原有的基础上进行了更为详尽且规范的表述。该条规定，增信措施需要通过对第三方的意思表示的判断来认定该增信措施是保证合同还是债务加入，之后通过对第三方所承担的补足义务与债务人的债务之间的先后顺序判断来认定该增信措施系一般保证或连带保证。若无法推定，则认定为一般保证。若第三方提供的增信措施意思不明，无法判断其为保证担保还是债务加入时，应当判定第三人承担较轻责任，即保证责任。对于既无法认定为保证合同，也无法认定为债务加入的增信措施，则依照实际意思表示执行。

（二）认定为保证担保的要素

保证最突出的特征在于两个法律关系之间具有从属性，保证行为无法独立于主债权而存在，在认定过程中，还应当结合行为履行过程中当事人的真实意思表示。具体而言，认定增信措施为保证担保可以从以下几个方面进行判断。

1. 增信措施中明确表示第三方行为为“保证”

在日常生活中的“保证”与《民法典》保证制度中的“保证”并非完全一致。例如，在张刚良、张成双借款合同纠纷案［（2019）最高法民再316号］中，法院认为双方协议中虽有保证字样，但协议内容体现的是第三方自愿承担全部还款义务，系债务加入。因此，笔者认为单凭字面表示直接认定为保证有失妥当。若增信措施中能够具体清晰表明第三方承担保证责任的，应当认定为保证；若在债务承担和保证担保两者中无法清晰判定的，应当依照担保制度解释认定为保证；若前两种情形都不符合，应当结合具体内容判定第三方应当承担何种责任。

2. 增信措施中有关于保证期间的约定

保证既受到诉讼时效的限制，还受到保证期间的限制。若在增信措施中，第三方表明其只在保证期间内履行相关责任，应当倾向于该增信措施为保证担保。

3. 增信措施中约定的责任承担具有从属性

第三方在债权债务关系中表明其承担的责任是从属于债务的，也能认定其为保证担保。除此之外，第三人表明其承担的责任系补充责任，或表明其为第二顺位承担该债务的，也可认定该增信措施为保证担保。

4. 增信措施中约定了第三方的追偿权

依据《民法典》相关规定，第三方在承担保证责任后，可以在其保证范围内向债务人追偿，除非当事人另有约定。保证人代为清偿债务人的债务后的追偿权性质上为保证人清偿后的债权让与，其在权利内容上与主债权一致，这也体现了保证担保的从属性。

增信措施并非仅单独依据某字词即可认定为保证担保，须结合具体条款、行为目的、行为习惯等，特别要关注第三方的意思表示，让增信措施真正发挥效用。

三、金融借款中的增信措施的适用

在金融借款中，也常常会出现由第三方出具的以“差额补足”“流动性支持”等为主要内容的承诺函。各方约定，在特定条件发生时，由第三方履行约定的承诺。在华融信托、凯迪生态公司金融借款合同纠纷案［（2019）最高法民终560号］中，各方约定在债务人无法偿还债务时，由第三方作为差额补足义务人，承担差额补足责任；在重庆捷尔医疗、中国工商银行重庆九龙坡支行金融借款合同纠纷案［（2018）渝民初165号］中，第三方约定在约定时间内，还款账户余额小于当期应付金额时，第三方补足差额。对于上述在金融借款中出现的增信措施，我们首先应当判定其行为目的是否为保障债权的实现。其次，判断该行为是否扩大了偿还债务的责任财产范围，若第三方约定以其自身财产来保障债权的实现，则属于扩大了责任财产范围的情形。

担保制度解释第三十六条前两款对此采取了一种“一刀切”的立场，即第三方只要具备担保的意图，就将其认定为保证或债务加入。这种做法的好处在于，任何包含财产责任内容的承诺文件一旦出具，当事人就至少需要承担担保责任，有时甚至需要承担债务加入的责任。这能引起当事人的足够重视，并避免担保的法律规定被架空，从而进一步规范市场主体的行为，并对商事实践中的隐性担保进行规范。不过，也有人质疑，在商事活动中表示差额补足，其目的可能在于保障债权偿还中的现金流稳定性，并非出于担保目的。与此同时，还应当注意的是，在商事金融领域发生增信措施，也应当严格依照《中华人民共和国公司法》以及公司章程的相关规定，保障商事行为的合规。

参考文献

[1] 马荣伟 . 信托产品非法定担保类增信措施性质研究 [J]. 财经法学 ,2017(2):106-

118.

[2] 刘保玉，梁远高．“增信措施”的担保定性及公司对外担保规则的适用 [J]. 法学论坛，2021,36(2):99-110.

[3] 杨立新．类保证：增信措施的性质与适用法律规则 [J]. 甘肃社会科学，2023(2):152-162.

[4] 朱晓喆．增信措施担保化的反思与重构：基于我国司法裁判的实证研究 [J]. 现代法学，2022,44(2):133-151.

对于动产担保中优先顺位冲突的思考

一、动产担保物权优先权冲突的制度成因

《民法典》中的担保物权具有限制效力、变价效力、优先效力、受偿效力。在优先效力中，优先顺位规则处理的是竞存担保物权在变价后的受偿顺位问题。同一动产上设立多个担保物权，会形成担保物权竞合的局面，各个担保物权之间的优先受偿顺序会直接影响权利实现的价值。《民法典》物权编第四百零四、四百零五、四百一十四、四百一四五、四百一十六条共同构建了动产担保物权的优先顺位规则体系。在《民法典》出台之前，《物权法》《担保法》及担保法的解释对此问题形成并确立了一系列的规范，但其规定并不统一，甚至存在互相冲突的情况，这给司法实务带来了一定的困扰。《民法典》在相关法律法规的基础上，进一步明确了各竞合担保物权的优先受偿顺序，由此我们试图根据《民法典》的最新规定，厘清同一动产上竞存的抵押权、质权及留置权之间的次序。

二、动产抵押权之间的优先顺位关系

当某动产之上存在多个动产抵押权时，其设立时间、登记公示时间会存在差异，由此衍生出不同的优先顺位竞争的状况。例如，担保债权人甲、 乙先后设立动产抵押权且均进行了登记；或者担保债权人甲之动

产抵押权设立在先但登记公示时间劣后于（知情的）担保债权人乙。由此，担保债权人甲和乙之间在两种情况下如何确立其优先顺位，将取决于如何理解物权编第四百零三条和第四百一十四条。

（一）登记优先原则

就一物之上存在多项动产抵押权的问题，《民法典》物权编第四百一十四条确立了登记优先的基本原则。对于已经登记公示的并存的动产抵押权而言，其不再适用对抗规则，而是应当根据登记公示时间而非其设立时间确定其优先顺位。值得注意的是，对于动产抵押登记时间早于信贷发放时间或者合同成立的时间的情况，应当根据登记时间确立优先顺位的基本原则。唯一的例外是购买价金担保权益。原因在于，融资声明的通知价值并不取决于其担保协议生效的时间或者贷款发放的时间，该登记的基本价值是提醒第三人特定担保物上担保权益的存在，“通知—声明”登记体系的基本政策决定了先公示的债权人优先受偿。实践中，被担保人可能会发放不同批次的贷款，但每一笔贷款的优先顺位均追溯至公示的时间。

对于在先设立但未登记的动产抵押权与后设立的但已登记的动产抵押权之间的优先顺位问题，物权编第四百一十四条第（二）项规定，抵押权已登记的先于未登记的受偿，不再考虑后设立但先登记的动产抵押权人是否善意的问题。

（二）均未登记的动产抵押权之间的优先顺位

对于均未登记公示的动产抵押权，根据物权编第四百一十四条第（三）项规定，应当按照债权比例清偿。从法律效果来看，抵押权未登记的，视为抵押权不存在或未生效，该规定系专门适用于不动产抵押权，但其能否适用于动产抵押权则不无疑问。

未登记的动产抵押不能对抗善意第三人，那么，能否对抗其他未经登记动产抵押权？物权编第四百一十四条第（三）项认为不能，显然否认了未登记动产抵押权的全部法律效力；另外一种解释是未经登记的动产抵押权之间不发生对抗效力，并非对未登记动产抵押权的物权性做出否定评价。如前述，未经登记的动产抵押权仍然具有效力，只是未登记动产抵押权之间仍存在争议而已。有学者认为，应当根据后抵押权人是否善意区别对待，即，若未登记的后抵押权人不知悉前抵押权的存在，则应当平等保护前后抵押权人，两者按债权比例受偿；若后抵押权人知情，则前抵押权人可以对抗后抵押权人优先受偿。另外一种做法是采用美国《统一商法典》的处理方式，即对未登记动产抵押权按照其设立时间先后确定其优先顺位。这种做法也符合登记对抗主义模式下未经公示的动产抵押权的法律效力，其未经登记，并非绝对不产生物法上的效力。因此，根据其设立时间的先后确定其优先顺序具有合理性，也避免了对善意认定的麻烦。实际上，我国法院在实践中并不否认未登记抵押权的效力，抵押权人申请执行时亦予以准许。物权编第四百一十四条第 3 项的处理方式体现了将动产抵押与不动产抵押混同规定的制度缺陷。而担保制度解释第五十四条[①]则对其予以了完善，明确了善意的适用场景及其效力。

---

① 第五十四条 动产抵押合同订立后未办理抵押登记，动产抵押权的效力按照下列情形分别处理：

（一）抵押人转让抵押财产，受让人占有抵押财产后，抵押权人向受让人请求行使抵押权的，人民法院不予支持，但是抵押权人能够举证证明受让人知道或者应当知道已经订立抵押合同的除外；

（二）抵押人将抵押财产出租给他人并移转占有，抵押权人行使抵押权的，租赁关系不受影响，但是抵押权人能够举证证明承租人知道或者应当知道已经订立抵押合同的除外；

（三）抵押人的其他债权人向人民法院申请保全或者执行抵押财产，人民法院已经作出财产保全裁定或者采取执行措施，抵押权人主张对抵押财产优先受偿的，人民法院不予支持；

（四）抵押人破产，抵押权人主张对抵押财产优先受偿的，人民法院不予支持。

三、抵押与质押的优先顺位

抵押权可以在不动产和动产上设立，质权可以在动产和权利上设立。动产既可以成为抵押权的标的，也可以成为质权的标的。关于动产抵押权，《民法典》规定，以动产抵押的，抵押权自抵押合同生效时设立，未经登记，不得对抗善意第三人。关于动产质权，《民法典》规定，质权自出质人交付质押财产时设立。由于动产抵押权不需要转移标的物的占有，且在抵押合同生效时设立，与动产质权的设立要件不同，因此，同一动产上可能既设有抵押权，又设有质权。

同一财产上存在数个不同类型的担保物权，可以使市场交易主体通过担保的方式获得生产经营所需要的资金，充分发挥财产的交换价值，实现物尽其用，但在另一方面，同一财产上设立了两个以上不同类型的担保物权时，就需要确立担保物权优先次序所应遵循的原则[①]。动产抵押无法阻止抵押人将抵押物再次质押，从而形成抵押权与质权的竞争。

实际上，对于有形动产而言，占有和登记作为公示方式各有优劣。占有最大的优势在于其可以避免债务人对担保物的再次处分；而动产抵押权人恰恰缺乏对担保物事实上的管领或者控制。一方面，由于担保物描述的概括性，动产抵押登记的真实性和确定性在制度上无法获得保障，与不动产抵押登记相去甚远，其只能提供警示；另一方面，并非所有的动产担保交易都可以适用登记公示。因此，在动产抵押登记公示效力弱化和动产质权占有仍有较大适用空间的背景下，物权编第四百一十五条吸收司法实践的经验（如《九民纪要》第六十五条），将登记和占有的公示效力做同等化处理，无论是先抵后质还是先质后抵，均根据“公示

① 《中华人民共和国民法典》第四百一十五条释义，来源为《中华人民共和国民法典释义及适用指南（上）》。

在先受偿在先”的原则确立其相互之间的优先顺位。

《民法典》第四百一十五条规定，对于同一财产既设立抵押权又设立质权的，拍卖、变卖该财产所得的价款按照登记、交付的时间先后确定清偿顺序，即以权利公示的时间先后决定清偿顺序。在具体适用时，主要有以下几种情况。

（一）先质押后抵押的情形

在动产上先设立质权后设立抵押权的情形，例如，甲将其所有的汽车出质给质权人乙，后来甲又将该汽车抵押给抵押权人丙，由于质权以动产的交付作为生效要件，并且交付具有公示效力，因此先设立的乙的质权应当优先受偿。后设立的丙的抵押权无论是否登记都不影响在先设立的乙的质权的优先受偿顺序。在动产质权和动产抵押权中，交付和登记都是公示方式，本身并不存在效力的强弱之分，都具有对抗后面产生的权利的效力。动产抵押权虽然进行了登记，但是其登记对抗效力仅能向后发生，不能影响成立在先的质权。在本案例中，乙的质权因交付行为设立并取得对抗效力，丙的抵押权因抵押合同生效设立，如果进行登记则取得对抗效力，由于质权的公示时间（动产交付的时间）早于丙的抵押权的设立时间，根据本条规定，乙的质权优先于丙的抵押权受偿。

（二）先抵押后质押的情形

在动产上先设立抵押权后设立质权的情形，例如，甲将其所有的汽车抵押给乙，签订了抵押合同，由于动产抵押权不需要转移抵押财产的占有，甲又将该汽车继续出质给丙，在这种情况下，乙的抵押权和丙的质权的清偿顺序会因先设立的抵押权是否登记而有所不同。

1. 已登记的动产抵押权与动产质权

在上例中，如果乙在签订了抵押合同后进行了抵押登记，该抵押权便具有了对抗第三人的效力，并且为设立在先的权利，而丙的质权是设立在后的权利，虽然动产的交付也具有公示效力，但该质权不能对抗设立在先的具有对抗效力的抵押权人。乙的抵押权的登记时间在前，丙的质权的交付时间在后，根据本条规定，乙的抵押权优先于丙的质权受偿。

2. 未登记的动产抵押权与动产质权

在上例中，如果乙在签订了抵押合同后没有进行抵押登记，之后丙在该汽车上取得质权，由于同一个财产上并存的抵押权和质权的清偿顺序取决于权利公示的时间先后，乙的抵押权没有登记即没有公示，丙的质权因交付行为而设立并取得公示效力，丙的质权优先于乙的抵押权受偿。抵押权人在取得动产抵押权后应当及时进行登记，否则可能会失去优先清偿的顺位。

四、留置权与抵押权、质权

在我国，留置权根据法律规定直接设立，不需要当事人形成合意，属于法定担保物权，而抵押权与质权则要求当事人形成合意，属于意定担保物权。根据《物权法》的一般原则，法定担保物权优先于意定担保物权，因此留置权应优于抵押权和质权。《民法典》第四百五十六条亦规定："同一动产上已经设立抵押权或者质权，该动产又被留置的，留置权人优先受偿。"

《民法典》并未区分留置权人是否善意，即使留置权人在留置动产时为恶意，其优先权也不受影响。因此，留置权人不管善意与否均优先于抵押权人和质权人受偿。但如果当事人之间恶意串通成立虚假的留置权来排除动产上已经存在的抵押权和质权，则该"留置权"不仅没有优先效力，还应被归于无效。

五、购置款抵押权

《民法典》第四百一十六条首次规定购买价款抵押权：动产抵押担保的主债权是抵押物的价款，标的物交付后十日内办理抵押登记的，该抵押权人优先于抵押物买受人的其他担保物权人受偿，但是留置权人除外。购买价款抵押权需要两个要件：一是担保的主债权必须是价款债权，且价款必须实际用于购买动产；二是标的物交付后十日内办理抵押登记。价款债权抵押权的法律效果体现在两个方面：一是它优于所有在先设定的意定担保物权，包括浮动抵押权、固定抵押权和质权。这是它最为重要的法律效力，也是它被称为“超级优先权”的原因。二是它劣后于留置权。虽然依据立法者的价值选择可以将价款债权抵押权理解为超级优先权，但根据《民法典》第四百五十六条规定，必然还是推导出留置权优先的结论。

综上而言，就动产之上竞存权利之间的优先顺位，《民法典》确立了以下规则体系：第一，动产之上竞存的抵押权之间，依其登记先后定其顺位；已登记的优先于未登记的；未登记抵押权之间顺位相同，按债权比例受偿（第四百一十四条）。第二，动产抵押权和动产质权之间，按照登记、交付的时间先后定其优先顺位（第四百一十五条）。第三，购买价金担保权，如在宽限期内办理登记的，则优先于其他担保物权（第四百一十六条）。第四，法定动产担保物权优先于约定动产担保物权。《民法典》第四百五十六条规定：“同一动产上已设立抵押权或者质权，该动产又被留置的，留置权人优先受偿。”当同一动产上多项担保物权竞存时，优先受偿顺序可简要概括为：留置权 > 购买价款抵押权 > 已登记的抵押权、质权（按照登记、交付时间先后）> 未登记的抵押权。

参考文献

[1] 姚明斌 .《民法典》担保物权优先顺位规则之新观察 [J]. 中国政法大学学报 ,2022(3):158-165.

[2] 高圣平 . 民法典动产担保权优先顺位规则的解释论 [J]. 清华法学 ,2020(3):93-98.

[3] 王乐兵 . 动产担保优先顺位的立法构造与适用解释 [J]. 法学家 , 2022(2):77-82.

[4] 李勇德 . 典型动产和权利担保物权顺位规则研究 [J]. 财经法学 ,2023(6):149-162.

[5] 庄加园 . 动产抵押的顺位设定：以将来取得的财产为中心 [J]. 中国法律评论 ,2024(1):175-192.

[6] 黄薇 . 中华人民共和国民法典释义及适用指南：上 [M]. 北京 : 中国民主法制出版社 ,2020:553-555.

[7] 肖斌 .《物权法》中的担保物权顺位规则析述 [J]. 民商法争鸣 ,2011(1):116-128.

[8] 章程 . 论我国留置权的规范适用与体系整合：民法典时代的变与不变 [J]. 法商研究 ,2020(5):19-24.

企业内控合规管理的数智化转型

2022 年 8 月，在“强内控、防风险、促合规”的政策监管背景下，国务院国资委颁布了《中央企业合规管理办法》（下称“《办法》”），并于 2022 年 10 月 1 日起正式施行。《办法》中包含合规管理信息化的建设内容，并多次强调企业合规管理信息化建设的重要性。在此之前，2021 年 5 月国务院国资委提出了“推进管理‘数智化’升级，加快建设世界一流企业”，时任国务院国资委副主任翁杰明表示，各中央企业和地方国有重点企业要着力推动企业管理的数字化、智能化升级，更好发挥为业务赋能、促进管理变革、实现价值提升、提高运营效率等重要作用，打造数字化、智能化驱动管理提升的新引擎。同时，随着近年国内外数智化发展的软硬件条件持续完善，当前国有企业进入了数智化发展的快车道，因此，企业内控合规管理体系应作为企业保证发展目标实现、防控经营风险的重要手段，基层国有企业推动科技赋能，构建内控合规管理数智化平台，促使内控合规管理由经验驱动向数据驱动、由定性分析向定量分析转变，是当今社会发展的大势所趋，也是企业适应竞争需要、实现高质量发展的必然之路。

一、从内控合规视角来看基层国有企业数智化面临的主要困境

（一）内部控制环境存在局限

1. 整体统筹管理与基层业务需求的背离

上级机构通过股权投资、组织机构、人事任命、决策授权等多方面的管控是显而易见的，顺应当前的数字化和智能化发展，对于集团层级的公司而言，强化管控是最为重要的原动力之一。但集团管控与基层业务需求在短期决策上一直存在天然偏差，集团管控需要兼顾工作效率、风险防控、大数据提取和统筹协调等多重需求，基层业务更多地追求业务便利化，而数智化的发起端基本在基层，大量的基础工作也在基层。因此，对于推进数智化发展，集团层面和基层在获得感上是存在差距的。集团层面能够直接获得更多的数智化发展好处。基层则由于权限以及承担相当多的数据录入等基础性工作，在获得感方面存在一定的落差。而且系统开发之初的不成熟状况以及持续的迭代升级，往往会进一步加大基层工作量。在多重因素作用下，基层对于推进数智化的主动性和积极性可能相对不足，有时存在为了数智化而数智化的情况。

2. 相对固化的人力资源政策限制了数智化的推广

截至目前，国内优秀的互联网企业和数字化企业仍然以民营性质为主。这在某种程度上反映了数字化和网络化的前沿性，必然要求员工的创造性和工作强度非常高，同时数智化的发展对人才需求结构也会产生相对剧烈的变化。民营企业有相对灵活的用工制度，在激发员工创造性、推动员工主动性、灵活优化人力资源结构方面具有一定的优势。国有企业尤其是成立时间比较长的国有企业，在人才引进、选拔使用以及薪酬分配等方面相对固化。这在某种程度上限制了国有企业引进数智化人才的可能性，导致人才队伍无法与数智化飞速发展、快速迭代的需求相适应。

（二）风险管理能力有待提高

1. 基础数据获取质量参差不齐

数据是数智化的基础，没有数据的标准性及可靠性，数据分析模型、智能化工具的运用等数智化管控架构就只能是空中楼阁，华而不实。目前，企业获得基础数据的途径有两个：一是通过自身业务沉淀产生，二是通过外部机构对接获取。自身业务沉淀产生数据一般具有较高质量，更加符合自身业务发展需要，但数据的积累需要较长的时间，对企业自身管理能力也有较高的要求。通过外部机构获取方面，由于我国现阶段数据要素市场尚不完善，数据的合规可信流通机制仍存在不足，数据质量无法保证。

2. 风险识别评估机制智能化不足

数字经济时代背景下，依托全新的数字技术构建的新业态，能够弥补传统业务模式的局限性，为行业的发展带来新的增长点。但同时，也容易改变风险结构，数字化带来的数据量的提升也对企业风险识别评估机制的自动化、智能化提出了更高的要求，以往通过“拍脑袋”进行决策的方法已经不能满足管理现状，企业亟须加强精准化管理，分析数字经济时代下新业态的风险特点，并构建智能风险识别技术，提出具体的风险防控措施，用数字说话，促使风险识别评估从原来主要依赖定性分析转向更多地利用定量分析。

（三）内控合规管理措施执行监督不到位

1. 业务系统建设对内控合规监督需要考虑不足

前数智化时代，许多企业由于缺乏统一的规划，业务管理、财务管理、人力资源管理、合同管理等系统分别建立，独立运行，系统和系统之间的关联及内部逻辑钩稽不强，数据在各部门之间难以有效地对接和共享，形成“数据孤岛”。合规管理体系建设于近些年提出并不断加强，但系统建设时对内控合规监督需要考虑不足，对于内控合规风险点难以进行高效智能的“事前”和“事中”审查预警。

2. 对数据合规高效获取及使用的监督能力不足

近些年，我国出台了一系列重要政策法规，2021 年通过的《中华人民共和国数据安全法》（下称“《数据安全法》”）和《中华人民共和国个人信息保护法》（下称“《个人信息保护法》”），不仅规定了覆盖数据全生命周期的数据处理基本规则，而且设置专章规定企业数据合规管理义务。企业主要包括数据采集风险、数据使用风险、第三方关联风险的数据滥用类风险、违反合规流程性条款、怠于履行数据合规管理义务的管理失职类风险不断增加，但企业对于数据保护合规体系的建立相对滞后，部分企业内控合规管理人员缺乏信息技术能力，对数据合规高效获取及使用的监督能力不足。

二、内控合规管理数智化转型的路径分析

为提高内控合规管理数智化转型成效，国有企业要坚持综合治理、源头治理和专项治理相结合的方式，建立与数智化相适应的内控合规组织体系，收集、整理、加工和共享内控合规数据，深挖数据价值，构建数据高效合规流通机制，将定性判断与量化分析相结合，赋能风控精准化管理，彰显合规内控创造价值。

（一）建立与数智化相适应的内控合规组织体系

企业在制定内控合规数智化转型方案时，应当注重构建上下协调的组织管理体系，在数智化转型过程中能够充分吸取来自基层的优质意见。基层业务是数智化的源头和基础，数智化转型的成功与否的关键，很大

程度上取决于基层业务人员的积极配合，要将数智化向基层延伸，强化数智化的乙方思维，摒弃高高在上的高大上想法，充分考虑基层数字化和智能化的需求，推出更多接地气的服务措施，让基层业务单位和业务人员更加愿意使用。要加大数字化和信息化宣传大力，加强业务交流，强化典型案例推送，让其主动寻找数字化和智能化的需求点。在构建数智化转型期间，要推行更加灵活的人力资源政策。同时，由于标准化的设计、知识的充分提炼和共享，数智化转型会对人才需求结构产生的冲击，要求企业更加注重加强对员工在信息化智能化方面的培训，强调人员的技术能力、技术水准事关其薪酬待遇、发展前景，使上下一心，形成合力，推动数智化的推广。

（二）构建数据高效合规流通机制

数据是数智化的基础，在获取外部数据时，注意建立与各类征信平台、税务、工商、司法等可信数据平台的链接，整合多源数据，在数据获取后，在业务流程过程中，对客户数据信息不断跟进，同时叠加新的业务知识和逻辑，形成数据风险评价和评估体系，提高外部基础数据的可靠性。同时，在数智化转型中，要格外注重数据的合规性，建立事前、事中、事后数据管理机制，强化管理人员的监督与管理职责。加强事前、事中、事后各个环节的管理，在事前，要建立备案管理的体制机制，做好各项数据的备案工作；在事中，要建立各项数据信息的实时监测制度，对发生的数据安全问题要做到全面监督和管理；在事后，要建立数据泄露的追究制度，对于影响数据安全的企业和个人，要严格追究其责任。将企业的各项经营业务与数据安全标准充分融合，真正建立起一道系统化、专业化的数据安全防护屏障，保障企业内部数据高效合规流通。

（三）构建数智化内控合规风险评估机制

内控合规数智化转型的核心是构建数智化内控合规风险评估机制。开展内控合规评估，首先，要明确评估对象，同时，要随着企业战略目标和各类业务和机构的不断发展变化，不断更新调整评估对象的划分，使其适应业务发展。其次，为全面评估每个评估对象的内部控制有效性，需要构建有针对性的评估模型：一是通过发现的违规问题、管理问题、合规问题、程序问题等构建违规问题标准化模型；二是通过明确计量问题发生个数、问题发现途径、问题危害程度、问题发生频率等构建违规风险暴露模型，精确计量、定量分析出一个机构、一个业务类型甚至一个业务产品的突出问题集中在哪些方面，促使内控合规管理由经验驱动向数据驱动、由定性分析向定量分析转变。

（四）保证内控合规数智化全流程监督控制

内控合规管理的目的是通过内控合规手段保证企业实现发展目标，防控经营风险，提高企业的竞争力和效益，这就要求保证内控合规对企业业务的全流程监督控制。运用数智化手段将内控合规要求和防控措施嵌入业务流程，强化过程管控，做到管理制度化、制度流程化、流程信息化，打通业务、风控、法审、内控的管理链路，“嵌入式”落地合规管理，实现合规刚性约束，保证内控合规全流程监督控制是实现内控合规数智化转型的主要实现方式。建立完善的内控合规管理体系和智能评估机制，对业务流程运营过程中的各项数据成果进行全面的评估和审核，确保达到预期的目标和质量标准，并为企业持续优化经营管理机制提供科学、可信、适用性更强的决策依据。

总的来说，内控合规管理体系智能化转型工作是企业智能化战略转型通向未来的重要组成部分，不仅是方法论的变革，也是合规理念、管理模式、合规队伍的自我提升，更是内控合规三道防线工作效能的全面增强。因此，应遵循目标导向、问题导向、责任导向和效果导向，健全内控管理机制，整合内控管理工具，提高合规服务能力，培育内控合规文化，有效促进和保障企业稳健发展。

参考文献

[1] 罗纯，高绍林，黄鹤. 数据合规可信流通机制设计 [J]. 信息安全研究，2023，9(7):618-623.

[2] 张建春. 数字经济背景下数据合规管理面临的挑战与对策 [J]. 商展经济，2023(8):127-129.

[3] 陈锡林. 国有企业合规管理面临的困境与发展策略探讨 [J]. 商展经济，2022(19)：136-138.

北京再担保公司数据合规体系建设的探索与实践

2023年，北京再担保公司本着服务小微企业的宗旨，围绕数字化改革目标，在全球经济下行压力增加的态势下，选择逆流而上，顺应数字化改革的大潮，深挖行业潜力和公司潜能，完成了北京再担保数智平台（下称“平台”）一期的开发及上线。

针对新型业务，北京再担保公司高度重视平台的数据安全与数据合规，不仅从内部开启了从上而下的学习和研究，而且还聘请了数据合规相关法律团队，为数字化建设保驾护航。本文从北京再担保数智平台实务出发，对平台相关合规体系建设工作进行了梳理，为完善平台相关的数据合规体系提供理论基础。

一、数据合规外规梳理

（一）法律及司法解释层面

我国数据合规法律体系主要搭建在以《中华人民共和国网络安全法》（下称“《网络安全法》”）、《中华人民共和国数据安全法》（下称“《数据安全法》”）和《中华人民共和国个人信息保护法》（下称“《个人信息保护法》”）构成的法律基石之上，在法律层面还涉及《中华人民共和国消费者权益保护法》《中华人民共和国电子商务法》《民法典》《中华人民共和国密码法》《中华人民共和国反恐怖主义法》《中华人民共和国反垄断法》《中华人民共和国测绘法》《中华人民共和国刑法修正案（七）》《中华人民共和国刑法修正案（九）》等。

最高人民法院、最高人民检察院发布的司法解释中，也存在数据合规相关规定，主要涉及《最高人民法院关于审理使用人脸识别技术处理个人信息相关民事案件适用法律若干问题的规定》《最高人民法院关于审理利用信息网络侵害人身权益民事纠纷案件适用法律若干问题的规定》《最高人民法院、最高人民检察院关于办理侵犯公民个人信息刑事案件适用法律若干问题的解释》《最高人民法院、最高人民检察院关于办理非法利用信息网络、帮助信息网络犯罪活动等刑事案件适用法律若干问题的解释》等。

（二）行政法规及部门规章层面

近年来，随着数据合规法律体系的不断完善，国家也在不断出台行政法规及部门规章，对数据安全及合规加以规范。

行政法规主要包括《征信业管理条例》《中华人民共和国电信条例》《关键信息基础设施安全保护条例》《未成年人网络保护条例》《互联网信息服务管理办法》等。

目前已经生效的部门规章有《电信和互联网用户个人信息保护规定》《网络安全审查办法》《儿童个人信息网络保护规定》《网络交易监督管理办法》《互联网信息服务算法推荐管理规定》《互联网用户账号信息管理规定》《个人信息保护认证实施规则》《移动互联网应用程序信息服务管理规定》。另外，2023 年 8 月 3 日，国家互联网信息办公室出台了《个人信息保护合规审计管理办法（征求意见稿）》，目的是指导、规范个人信息保护合规审计活动，提高个人信息处理活动合规水平，保护个人信息权益。

（三）国家及行业标准层面

从国家和行业标准角度，国家推出了一系列指南或指引，为数据安全与合规工作的开展提供了进一步详细的指导：国家互联网信息办公室于2022年8月31日发布了《数据出境安全评估申报指南（第一版）》；全国信息安全标准化技术委员会秘书处于2022年6月24日发布了《网络安全标准实践指南——个人信息跨境处理活动安全认证规范》；全国信息安全标准化技术委员会2023年5月23日《信息安全技术个人信息处理中告知和同意的实施指南》；2022年11月7日，市场监管总局标准技术司、中央网信办网络安全协调局、公安部网络安全保卫局联合发布了《信息安全技术关键信息基础设施安全保护要求》；全国信息安全标准化技术委员会2021年6月1日发布了《信息安全技术——个人信息安全影响评估指南》。上述已经生效的各项国家标准、指南为公司实践提供了指引和实操指南，对于规范整个行业的行为具有重要意义。

二、数据合规风险的识别

北京再担保公司对上述外部法律法规、司法解释、操作指南等标准性文件进行了逐项梳理，对公司的合规义务进行了整理，并通过聘请外部律师事务所开展合规尽职调查等方式，开展数据合规风险识别工作。以下主要摘取了三部数据合规基础法律制度《网络安全法》《数据安全法》《个人信息保护法》项下的核心义务进行阐述。

（一）技术层面主要义务

（1）采取防范计算机病毒和网络攻击、网络侵入等危害网络安全行为的技术措施。

（2）采取监测、记录网络运行状态、网络安全事件的技术措施，并按照规定留存相关的网络日志不少于六个月。

（3）采取数据分类、重要数据备份和加密等措施。

（4）利用互联网等信息网络开展数据处理活动，应当在网络安全等级保护制度的基础上，履行上述数据安全保护义务。

（5）开展数据处理活动应当加强风险监测，发现数据安全缺陷、漏洞等风险时，应当立即采取补救措施。

（6）发生数据安全事件时，应当立即采取处置措施，按照规定及时告知用户并向有关主管部门报告。

（7）重要数据的处理者应当按照规定对其数据处理活动定期开展风险评估，并向有关主管部门报送风险评估报告。

（8）个人信息处理者应当定期对其处理个人信息遵守法律、行政法规的情况进行合规审计。

（9）发生或者可能发生个人信息泄露、篡改、丢失的，个人信息处理者应当立即采取补救措施，并通知履行个人信息保护职责的部门和个人。

（二）制度层面主要义务

（1）制定内部安全管理制度和操作规程，确定网络安全责任人，落实网络安全保护责任。

（2）组织开展数据安全教育培训。

（3）建立健全全流程数据安全管理制度，保障数据安全。

（4）建立健全用户信息保护制度。

（三）操作层面主要义务

（1）重要数据的处理者应当明确数据安全负责人和管理机构，落实数据安全保护责任。

（2）任何组织、个人收集数据，应当采取合法、正当的方式，不得窃取或者以其他非法方式获取数据。

（3）网络运营者收集、使用个人信息，应当遵循合法、正当、必要的原则，公开收集、使用规则，明示收集、使用信息的目的、方式和范围，并经被收集者同意。

（4）网络运营者应当对其收集的用户信息严格保密。

（5）网络运营者不得泄露、篡改、毁损其收集的个人信息；未经被收集者同意，不得向他人提供个人信息。

（6）收集个人信息，应当限于实现处理目的的最小范围，不得过度收集个人信息。

（7）不得非法收集、使用、加工、传输他人个人信息，不得非法买卖、提供或者公开他人个人信息，不得从事危害国家安全、公共利益的个人信息处理活动。

北京再担保公司在符合法律规定要求的前提下，逐步完善数据合规相关体系建设工作。

三、北京再担保公司数据合规管理体系建设情况

从2023年启动平台建设初始，北京再担保公司领导就高度重视数据合规管理体系的建设工作，从组织架构体系、管理制度体系、风险防控体系、监督检查体系、外部应对体系、安全技术体系六个层面开展了平

台相关的数据合规管理体系建设工作。

（一）组织架构体系

数据合规对北京再担保公司的合规管理是新的挑战和难点，单靠一个部门很难实现平台数据合规管理，需要建成由公司领导层牵头的一把手工程，由金融科技部及其他平台建设部门共同参与的跨部门数据合规管理体系。为此，北京再担保公司专门设置了网络安全与信息化领导小组，作为数据合规工作的领导机构和网络安全工作的领导机构，负责组织、协调数据合规及信息安全建设工作的开展，组织数据合规评价、平台安全检测及评估的开展和实施。同时，北京再担保公司确定了数据安全管理机构，即网络安全与信息化领导小组设领导小组办公室（下称“领导小组办公室”），领导小组办公室作为信息化领导小组的常设机构，承担领导小组的日常工作。为方便开展工作，领导小组办公室设置在金融科技部，金融科技部系信息安全管理职能部门对平台的数据安全、系统运维等业务内容进行专岗专责地规定。最后，北京再担保公司建立了合规跨部门协同机制，金融科技部、法律合规部、纪检审计部、综合管理部等多部门资源密切配合，多部门协同配合完成数据合规体系的建设和运转。

（二）管理制度体系

北京再担保公司结合《网络安全法》《数据安全法》《个人信息保护法》等数据合规相关法律法规要求，针对平台安全起草了《平台安全管理办法》《入驻机构管理办法》《平台运营管理办法》《安全审核和安全检查管理办法》《账号口令及权限管理制度》《授权管理规范》及数据安全全流程管理制度等多项制度等。

上述制度系统性地对数据安全、系统运维、入驻机构管理、线上产品审查、授权管理规范、用户实名制身份管理制度及日常监控、安全监测、应急演练等多方面、多维度进行了规定。一是，满足了法律规定制定内部安全管理和操作规程的要求，确定网络安全与信息化领导小组为网络安全工作的领导小组，并对应建立了专岗专责负责网络安全的岗位职责，以落实安全保护责任。二是，建立了全流程的数据安全管理制度，保证数据安全有据可依。三是，初步建立了用户信息保护机制，对用户账户安全、数据保护提供了制度依据。

（三）风险防控体系

北京再担保公司高度重视数据合规相关的风险防控体系，在实践中随着业务的发展，不断对数据安全与合规的风险进行查摆，对数据安全管理的制度和操作日益加以完善。

首先，北京再担保公司注重对开展数据合规服务或合作的供应商管理，严格了对供应商数据库的管理要求，要求采购主责部门对供应商的资质、财务状况等进行尽职调查，保障合作的数据供应商都具有相应的资质。此外，北京再担保公司还通过合同审核环节强化供应商对数据处理相关的保密义务，通过合同条款强调数据来源的合规保障，确保合作方依约处理数据，从而符合法律规定。

其次，北京再担保公司自上而下都对员工的数据合规培训给予了充分重视，确保员工能够及时了解数据保护法律法规、监管规定、企业内部规章制度等方面的内容。公司通过再担保大讲堂的形式不定期地开展合规培训，将管理层的合规理念及态度顺畅传达至各层级员工，形成数据合规文化。全公司上下通过合规培训对数据安全、数据保密的意识有了明显增强。

（四）监督检查体系

北京再担保公司从平台建设初始，就在不断建设和完善合规监督检查体系，通过对数据的流程监测、审计、违规举报等机制的设立和强化，保障数据的有效保护和合法利用。

北京再担保公司在再担保数智平台上公布了人工投诉渠道，通过电话、邮箱都可以便捷地进行数据安全及其他全部与数智平台相关的投诉。公司截至目前未收到关于平台或数据安全的投诉或举报。

（五）外部应对体系

北京再担保公司从优化对客户交互体验及配合监管两方面建设外部应对体系，计划未来在平台二期建设中增加智能客服功能，更加快捷地响应公众的诉求，同时增加人工处理渠道，尽可能地提升用户的交互体验。应对监管方面，北京再担保公司持续跟踪最新法律法规及监管要求，尽快完成外规内化，配合监管部门的调查和询问。

（六）安全技术体系

数据保护法将技术措施与管理措施并列为合规管理流程的重要组成部分，因此，这就要求北京再担保公司建立数据合规安全技术体系。该体系主要包括数据梳理、入侵防御、权限管理、脱敏管理、密文存储、应急处置机制等。目前，北京再担保公司在技术层面上已经采取了权限管理、脱敏管理、应急处置等措施。对于是否达到其他技术要求，还需要金融科技部进一步自查，并不断改善。

四、再担保数据合规体系下一步探索与思考

（一）完善数据分类分级保护制度

参照金融监管总局 2024 年 3 月 22 日发布的《银行保险机构数据安全管理办法（征求意见稿）》的意见，要求银行保险机构制定数据分类分级保护制度，建立数据目录和分类分级规范，动态管理和维护数据目录，并采取差异化的安全保护措施。考虑到担保机构和再担保机构虽然不是银行或保险机构，但是掌握的数据与银行、保险机构具有类似性，北京再担保公司将进一步完善数据分类分级保护制度，对数据采取不同的安全保护措施，以充分达到数据安全的要求。

（二）进一步加强个人信息保护

北京再担保公司将进一步严守个人信息保护的红线，收集个人信息应限于实现金融业务处理目的的最小范围，不能过度收集，不能在未经授权的情况下随意对外提供个人信息。

（三）进一步关注生成式人工智能相关合规要点

随着数字化改革的不断深入，平台对生成式人工智能技术的使用将是必然趋势，为此，北京再担保公司深入学习 2023 年国家互联网信息办公室等七部门联合发布的《生成式人工智能服务管理暂行办法》，该办法对生成式人工智能技术健康发展和规范应用提供了部门规章层面的制度依据。

从该办法分析，生成式人工智能的主要合规要点包含以下几方面。

第一，生成式人工智能应当遵守法律、行政法规，尊重社会公德和伦理道德，其伦理治理须嵌入生成式人工智能企业的研究开发、设计制造、

应用部署以及企业用户使用的全阶段。

第二，生成式人工智能治理所面对的网络与数据安全合规要点包括网络安全等级保护、数据分类分级管理、合规管理体系的搭建以及安全事件的防范。

第三，生成式人工智能要注重隐私与个人信息保护，对于个人信息的收集、使用都应当符合《个人信息保护法》规定。

第四，生成式人工智能其实是深度合成技术的具体应用。企业作为提供深度合成服务的组织和/或为深度合成服务提供技术支持的组织，应当履行信息安全主体责任，加强数据和技术管理规范，依法添加标识，配合进行安全检查。并且，按照《互联网信息服务深度合成管理规定》的要求，具有舆论属性和社会动员能力的深度合成服务提供者，应履行算法备案、变更、注销手续。

财务管理

关于再担保公司准备金政策的问题与建议

一、再担保公司准备金政策现状

（一）再担保机构概念的产生

1999 年 6 月，原国家经贸委出台 540 号文，明确中小企业信用担保体系由市、省、国家三级机构组成，其业务由担保与再担保两部分构成，担保以地市为基础，再担保以省为基础。

2006 年 11 月，国务院办公厅出台《关于加强中小企业信用担保体系建设的意见》（国办发〔2006〕90 号），在建立健全担保机构风险补偿机制中，明确指出鼓励有条件的地区建立中小企业信用担保基金和区域性再担保机构，以参股、委托运作和提供风险补偿等方式支持担保机构的设立与发展，完善中小企业信用担保体系的增信、风险补偿机制。

2008 年 2 月，全国首家跨省区政策性再担保机构——东北中小企业融资再担保股份有限公司成立。

2008 年 11 月，全国首家省级再担保机构——北京再担保公司成立，拉开了全国各省市再担保机构纷纷成立的序幕。

（二）再担保公司准备金政策规定

1. 担保企业会计核算办法时期

2001 年，财政部印发了《中小企业融资担保机构风险管理暂行办法》(财金字〔2001〕77 号)，明确了担保机构应当按照当年担保费的 50% 提取未到期责任准备金；按照不超过当年年末担保责任余额 1% 的比例以及所得税后利润的一定比例提取风险准备金，用于担保赔付。这是有关融资担保行业准备金管理最早的监管办法。2005 年 11 月，财政部印发了《担保企业会计核算办法》（财会〔2005〕17 号），要求担保公司按照当时的《金融企业会计制度》和《担保企业会计核算办法》的要求进行会计核算，并明确未到期责任准备、担保赔偿准备、一般风险准备金的计提按照《中小企业融资担保机构风险管理暂行办法》规定执行。

不管是暂行办法还是核算办法，均未提及再担保机构准备金如何计提，在实务中再担保机构一般参照执行。

2. 企业会计准则时期

2010 年 7 月，为了加快《企业会计准则》的有效实施，解决在《企业会计准则》实施过程中出现的问题，推进实现《企业会计准则》与国际趋同，财政部印发《企业会计准则解释第 4 号》，在解释的第八项问题中，明确了融资担保公司应当执行《企业会计准则》，相关担保业务应当按照《企业会计准则》《原保险合同》《再保险合同》的规定进行核算，原《担保企业会计核算办法》废止。按照以上规定，担保及再担保机构应当按照保险精算识别、确认、计量未到期准备金和担保赔偿准备金，并在资产负债表日按照保险精算重新计算进行充足性测试。

2010 年 3 月，原银监会联合财政部、国家发展改革委等七部委印发了《融资性担保公司管理暂行办法》，其中对于担保赔偿准备金的规定与《中小企业融资担保机构风险管理暂行办法》中担保赔偿准备金的规定相比，不同之处为按照不低于当年年末担保责任余额 1% 的比例提取担保赔偿准备金，“不超过”变成了“不低于”，且未提及一般风险准备的计提规定。

2017 年 8 月，国务院印发的《融资担保公司监督管理条例》（国务院令第 683 号）第十八条规定，融资担保公司应当按照国家有关规定提取相应的准备金，但并未就准备金的计提方法和比例进项规定。第四十七条规定，融资再担保公司的管理办法，由国务院银行业监督管理机构会同国务院有关部门另行制定，报国务院批准。因此，在实务中，融资担保及再担保机构仍按照《融资性担保公司管理暂行办法》计提未到期责任准备金和担保赔偿准备金。

二、再担保公司准备金政策面临的问题及建议

（一）再担保公司管理办法缺失

截至目前，针对再担保公司的相关管理规定仍未出台，再担保公司准备金政策仍须参照《融资性担保公司管理暂行办法》执行。因此，国家相关部门应尽快研究制定再担保公司专项管理办法，明确再担保公司准备金计提政策。

（二）监管政策弊端

按照《融资性担保公司管理暂行办法》中对准备金现行有效的规定，融资担保公司（再担保公司参照执行）按照不低于当年年末担保责任余额 1% 的比例提取担保赔偿准备金，担保赔偿准备金累计达到当年担保责任余额 10% 的，实行差额提取。但是从目前来看，各省级再担保机构为积极响应国家减税降费的号召，最大限度支持中小微企业实体经济的发

展，再担保公司费率往往远低于责任额的1%，这就造成再担保主业形成巨额亏损。

建议从各省级再担保机构实际情况出发，加大补贴及税收优惠力度，保持省级再担保机构的可持续发展。

（三）《企业会计准则》无法落地

按照《企业会计准则》中关于《再保险合同》中提及的，未到期责任准备金和担保赔偿准备金按照保险精算进行计提。精算是通过运用数学、经济学、金融学、统计学等多种学科建模，综合识别、评估、计量各类经济活动中的风险数值，为决策提供依据。但融资担保及再担保公司相较于保险行业，在行业发展成熟度、行业规模、历史经验数据、监管重视程度、行业相关人才及行业相关投入上都无法比拟，具有明显的软件和硬件差距，相应地，实务中，大多数再担保公司无法实现按照保险精算计量风险，计提准备金。

在《企业会计准则第22号——金融工具确认和计量》的实施过程中，财政部、银保监会曾明确提出，融资担保（再担保）行业相关准备金的计提思路，应放弃历史经验主义，改为预期信用损失，实现预期信用损失的方法就是通过保险精算。这一项要求是从理想角度出发，避免历史经验模型中的弊端，以发展的眼光对当前承担担保责任的项目在未来发生代偿损失的可能性进行前瞻性的预判。

建议由行业监管部门根据全国的融资再担保风险状况，结合各省市的特殊情况，制定统一的风险分类管理标准，具体方法是通过保险精算或通过借鉴银行业五级分类，由监管部门制定统一政策。

（四）资产负债同时虚增

按照监管部门对再担保公司拨备覆盖率的要求，再担保公司积累的准备金余额要超过形成的应收代偿及补偿款，即拨备覆盖率要超过100%。为满足监管部门对拨备覆盖率的要求，赔偿准备金在达到年末担责任余额10%之前，是需要逐年积累的，资产负债表日体现的是历年积累的赔偿准备金余额。但众所周知的是，再担保公司的应收代偿及补偿款属于银行不良资产的缓释，其追偿周期往往超过3年，甚至5年，无法进行损失核销。这样形成的结果就是，资产端形成大量的应收代偿及补偿款，负债端形成大量的准备金积累。从风险控制的角度，可以满足监管的最低要求，但会造成资产与负债同时虚增。

为了达到监管部门准备金拨备覆盖率的要求，赔偿准备金在达到责任额10%差额提取之前逐年递增。相对地再担保代偿及补偿额由于追偿期较长，也随之逐年递增。因此，建议将存量的赔偿准备金调整至资产减值准备中，这样可以实现资产质量的提高，避免资产负债同时虚增。冲转的标准可以参照以下思路：1年以内（含1年）的按不低于应收代偿及补偿资产余额的20%计提，1~2年（含2年）的按不低于应收代偿及补偿资产余额的40%计提，2~3年（含3年）的按不低于应收代偿及补偿资产余额的60%计提，3~4年（含4年）的按不低于应收代偿及补偿资产余额的80%计提，超过4年的按应收代偿及补偿资产余额的100%计提。理论上，如果再担保公司稳健运行，符合当前监管办法的要求，拨备覆盖率超过了100%，那么存量的赔偿准备金完全可以覆盖减值准备，不会对融资担保公司形成额外的亏损。

（五）一般风险准备金无明确规定

关于融资担保公司一般风险准备金的计提，在2001年财政部印发的

《中小企业融资担保机构风险管理暂行办法》(财金字〔2001〕77号)中规定了按照所得税后利润的一定比例提取风险准备金，用于担保赔付，但在《融资性担保公司管理暂行办法》中并没有相关规定。因此，再担保公司参照执行暂行办法，亦缺少明确规定。同时，融资担保及再担保行业可以参照执行的《金融企业准备金计提管理办法》中的规定。一般准备余额原则上不得低于风险资产期末余额的1.5%的规定，显然不符合融资担保及再担保公司保本微利的定位，将会对资本金形成巨额侵蚀。

综上所述，建议监管部门考虑融资担保及再担保公司盈利水平极低的现状，参照《中小企业融资担保机构风险管理暂行办法》中关于一般风险准备的计提规定，按照所得税后利润的一定比例提取风险准备金。

参考文献

[1] 何凯.完善我国融资担保公司准备金相关规定的思考[J].甘肃金融,2022(7):64-65.

[2] 吴宗圣.融资担保公司两项准备金会计核算研究[J].财经界,2022(17): 95-97.

[3] 徐小龙.融资担保公司担保赔偿准备金的会计核算[J].财会研究, 2021(9):68-70,74.

关于再担保公司税收政策的问题与建议

一、再担保公司税收政策现状及面临问题

从历年担保、再担保行业税收政策变化来看，不管是流转税还是所得税，担保行业与再担保行业在政策执行方面是一致的。

（一）流转税政策变化及面临问题

2001 年，国家税务总局下发了《关于中小企业信用担保、再担保机构免征营业税的通知》（国税发〔2001〕37 号），对纳入全国试点范围的非营利性中小企业信用担保、再担保机构，可由地方政府确定，对其从事担保业务收入，3 年内免征营业税。

2006 年，国家发展改革委、国家税务总局联合下发《关于中小企业信用担保机构免征营业税有关问题的通知》（发改企业〔2006〕563 号），从本次政策开始，对信用担保机构的免税条件予以明确，主要围绕信用担保机构的资本金实力、担保能力、风险控制水平、业务开展范围、单笔业务限制及最低放大倍数等方面。

2008 年，根据第十一届全国人民代表大会第一次会议批准的国务院机构改革方案，设立了工业和信息化部，作为国务院组成部门，其职能包括指导和推进中小企业发展，成为中小企业、中小企业信用担保的主管

部门。

2009年，工业和信息化部、国家税务总局联合下发了《关于中小企业信用担保机构免征营业税有关问题的通知》（工信部联企业〔2009〕114号），对中小企业信用担保、再担保机构的免税条件进行了调整：增加了业务收费不高于同期贷款利率的50%的要求，增加了单笔800万元以下担保贷款结构占比不得低于50%的要求，平均单笔担保责任金额由最多不超过4 000万元人民币降至最多不超过3 000万元人民币，代偿率由不超过5%降至不超过2%。这些要求的变化，体现出工业和信息化部对中小企业信用担保营业税免税政策的导向，即信用担保机构要“降低费率”，开展业务要“小而分散”，同时要提高自身风险控制能力。只有达到这些要求，才可以享受营业税免税的优惠政策。

2016年，在营改增期间，财政部、国家税务总局联合下发《关于全面推开营业税改征增值税试点的通知》（财税〔2016〕）36号），中小企业信用担保机构营业税免税政策平移至增值税免税政策。

2017年，中小企业信用担保机构的免税政策发生重大变化。在财政部、国家税务总局联合下发的《关于租入固定资产进项税额抵扣等增值税政策的通知》（财税〔2017〕90号）中规定，免征增值税的担保业务范围仅仅包括了农户、小型企业、微型企业及个体工商户，担保及再担保业务类型仅限于为借款、发行债券提供融资担保。新的免税优惠政策，从对担保、再担保机构免税，改为对特定的业务收取的保费收入免税，且特定业务享受免税的条件比较苛刻。

2020年，财政部、国家税务总局联合下发了《关于延续实施普惠金融有关税收优惠政策的公告》，对财税〔2017〕90号文进行了延续，实施期限延长至2023年12月31日。

自2001年至2017年，中小企业信用担保的主管部门几经变化，由国家经贸委改为国家发展改革委，又改为工业和信息化部，在此期间，不管是营业税阶段还是增值税阶段，对中小企业信用担保的流转税均实行机构免税的政策。从实施效果上看，凡是具备相应条件、不以营利为目的的中小企业信用担保机构所开展的担保业务均能享受营业税减免政策，覆盖面广，政策效果明显，对信用担保机构增强风险抵抗能力、持续有效发挥政策功能属性起到了强有力的支持作用。但是从 2017 年开始，有关文件均以财政部和国家税务总局的形式下发，缺少了中小企业信用担保主管部门的身影。由对机构免税改为对特定机构的特定业务免税，受保企业需要出具相关证明材料后，担保机构才可以享受免税政策，而受保企业反而无法取得增值税专票抵扣，受保企业的配合意愿度大大降低，税收优惠政策覆盖面大幅缩减。同时，对免税、非免税业务管理，提出了非常细化的要求，增加了管理成本，担保机构出于合规、降低税务风险的考虑，如果收集不到必要的免税证明材料，只能交税。

（二）企业所得税政策变化及面临问题

1. 赔偿准备金政策

2007 年和 2009 年，财政部和国家税务总局先后两次下发了中小企业信用担保机构关于准备金税前扣除的政策。政策中涉及担保赔偿准备金的规定是允许在年末担保责任 1% 范围内据实扣除，且并无其他附加条件。

2012 年，财政部和国家税务总局下发的准备金扣除政策，在原有基础上，增加了将上年度计提的担保赔偿准备余额转为当期收入的规定。2017 年，政策到期后，进行了政策延续。

2021 年，财政部、税务总局联合下发《关于延长部分税收优惠政策执行期限的公告》（公告 2021 年第 6 号），财税〔2017〕22 号通知到期后继续执行。

从2012年开始，中小企业信用担保机构的担保赔偿准备金虽然当年在1%责任的范围内据实扣除，但是需要在下一年度将上年度计提的担保赔偿准备余额转为当期收入。实质上，担保赔偿准备只是延期一年纳税，而代偿损失确认条件严格，基本起不到抵税作用。将现金流比喻成血液，在当下代偿依然高企阶段，一方面代偿支出“失血”严重；另一方面赔偿准备纳税“抽血”，而中小企业担保业务收费的“造血”功能不足，税负客观上使担保机构的现金流出现问题，严重的有可能丧失代偿能力，造成业务停滞，合作银行抽贷、停贷，进而导致中小企业无法获得担保服务的局面，进一步加重“融资难、融资贵”的问题。

2. 代偿损失税前扣除政策

按照中央、省级、地市融资担保体系建立的初衷，再担保公司承担着省级中小企业信用担保政策落地的使命，全部为政府性融资再担保机构。因此，再担保机构既受金融部门和行业的监管，同时又受地方国资委的管理。近年来，地方国资委逐渐放开对融担行业损失核销的限制，国家融资担保基金也积极主动优化行业资产处置及损失核销认定标准。从理论上，行业损失核销有了渠道和保障。但不管是地方金融监管部门还是地方国资委，目前均无法争取到将代偿损失税前扣除政策落地。

在整个金融行业涉及的损失税前扣除的政策中，国家税务总局公告2015年第25号明确了金融企业涉农贷款、中小企业贷款的业务，如果逾期1年以上，经追索无法收回，可以计算确认贷款损失进行税前扣除。这是目前为止，所有行业中损失税前扣除最简便的政策，可以看出国家对金融企业资产质量有着较高的要求，同时税收政策也有较大的倾斜。相比传统金融企业，虽然政府性融资担保公司没有金融牌照，但承担了金融企业，尤其是银行贷款的逾期风险，起着银行贷款风险“隔离墙”和“保险丝”的作用，理应与银行一样，享受更为简便的损失税前扣除政策。

二、再担保公司定位及加大税收优惠的必要性

中小微企业作为我国社会主义市场经济的重要组成部分，贡献了50% 以上的税收，创造了 60% 以上的国内生产总值，完成了 70% 以上的发明专利，提供了 80% 以上的就业岗位，占企业总数的 90% 以上，并容纳 90% 以上的新增就业。

政府性融资再担保机构作为国家扶持中小微企业发展的重要力量，坚守准公共定位，充分发挥了“逆周期”调节作用，切实有效解决了中小微企业“融资难、融资贵”的问题。具体表现在以下两方面。

一是政府性融资再担保公司始终坚守准公共产品定位。43 号文从顶层设计高度明确融资担保准公共产品属性并肯定融资担保发挥的重要作用，指出融资担保是破解小微企业和“三农”“融资难、融资贵”问题的重要手段和关键环节，对于稳增长、调结构、惠民生具有十分重要的作用。6 号文进一步要求各级政府性融资再担保机构回归担保主业，降低费率水平，加大支小支农担保供给，带动更多金融资源更好地服务小微企业、“三农”和创业创新。

二是政府性融资再担保公司始终坚持“普惠”性质。政府性融资再担保公司保费收入具有“政策性”“普惠性”的特点，大大低于市场定价。同时，受保对象主要为小微企业和“三农”，普遍存在经营时间短、信用记录不规范、内部管理和财务制度不健全的问题，自身抗风险能力比较差，一旦出现自身经营问题或者银行不续贷的情况，政府性融资担保公司就不得不履行担保义务进行代偿。政府性融资再担保公司风险与收益完全不匹配。通过加大税收优惠力度，有助于缓解政府性融资担保机构现金流压力，适度提高盈利空间，从而进一步提高政府性融资再担

保机构抗风险能力，在维持自身健康可持续发展的同时，将支小支农政策覆盖面扩展到最大。

三、加大再担保公司税收优惠政策的建议

工业和信息化部中小企业局的研究表明，全球其他国家或地区的中小企业担保是政策性的，是“准公共产品”，其匹配的基本制度之一就是税收全免。因此，为有效平衡政府性融资再担保公司社会效益与可持续发展的矛盾点，进一步提高政府性融资再担保公司服务小微和“三农”的积极性，应当切实加强对政府性融资再担保公司的税收优惠支持力度。建议如下。

一是恢复对政府性融资再担保公司增值税免税政策。政府性融资再担保公司的定位就是主要服务于“三农”“小微”。如果受保企业配合意愿度低、管理成本高的影响，该项政策无法惠及政府性融资担保公司，这就应恢复原政策，即对符合条件的政府性融资担保公司实行增值税免税政策。

二是恢复政府性融资再担保公司担保赔偿准备金税前允许全额扣除政策。政府性融资再担保公司从自身经营利润中提取担保赔偿准备金，一方面是覆盖当前已发生的代偿，另一方面也是对未来业务开展可能出现的代偿风险进行的准备。政府性融资再担保公司的赔偿准备金积累对自身的生存和发展至关重要。相比而言，传统金融行业相关的风险拨备均可以在一定比例内据实扣除，而无须在下一年调整纳税，政府性融资再担保公司理应有相应的政策配套措施。建议恢复再担保机构提取的担保赔偿准备金税前全额扣除的税收政策，不再转回纳税。

三是简化政府性融资再担保公司代偿损失税前扣除政策。第一种方式是在现有政策基础上，进一步明确政府性融资再担保公司损失核销依

据可按照《金融企业呆账核销管理办法》执行。第二种方式是在现有的中小企业融资担保机构有关准备金企业所得税税前扣除政策第三条中，将“代偿损失”税前扣除调整为“代偿支出”税前扣除。政府性融资再担保公司如果能提供相关依据证明确实发生代偿支出的，据实在税前扣除，代偿回款同时转为应纳税收入。调整的意义在于匹配业务特点与模式，代偿支出发生时可缓解现金流紧张，代偿回收时可保障国家税收利益。第三种方式是基于政府性融资再担保公司在服务“三农”“小微”方面，与银行业有着相同的地位和作用，因此应给予政府性融资再担保公司相应的税收优惠政策，与其他金融业一样享受《关于金融企业涉农贷款和中小企业贷款损失税前扣除问题的公告》（国家税务总局公告 2015 年第 25 号）的优惠政策，即允许政府性融资再担保公司对无法收回的中小企业代偿款和涉农代偿款按账销案存原则自主核销，冲减计提的准备金并在所得税前列支。

参考文献

[1] 孙勇 . 政府性融资担保机构税收问题研究 [J]. 纳税 ,2020,14(24):42-43.

[2] 梁小天 . 关于融资担保行业若干税收政策的建议 [J]. 企业改革与管理 ,2018(4):135-136.

[3] 徐松梅 . 政策性融资担保机构税收问题浅析 [J]. 财经界 ,2020(7):235-236.

股权纽带建设

省级再担保机构股权纽带建设的实践探索

近年来，我国政府性融资担保体系建设工作取得了长足进展，已经构建起“国家融资担保基金—省级再担保机构—辖内担保机构”三级联动的政府性融资担保体系。高效贯通的政府性融资担保体系，有效发挥了财政资金“四两拨千斤”的作用。特别是在疫情防控期间，担保体系中的各级担保机构充分发挥逆周期调节作用，助力实体经济纾困发展。根据中国融资担保业协会数据统计，全行业融资担保在保业务规模从2020年末的3.26万亿元增长至2023年末的5.14万亿元。

在三级联动的政府性融资担保体系中，省级再担保机构作为连接中央与地方担保体系的枢纽，发挥着承上启下的重要作用。为推动政府性融资担保体系的高效运转，很多省级再担保机构通过股权纽带形式强化所辖地区担保体系建设，在取得一定成效的同时，也引发一些异议。为此，北京再担保公司总结自身多年股权纽带建设的实践经验，结合目前国内其他省级再担保机构股权纽带的实践做法，对省级再担保机构开展股权纽带建设的相关情况进行探讨与分析。

一、省级再担保机构开展股权纽带建设符合政策要求

2015年，为进一步破解小微企业和“三农”“融资难、融资贵”的难题，国务院发布的43号文明确提出：“研究设立国家融资担保基金，推进政

府主导的省级再担保机构基本实现全覆盖，构建国家融资担保基金、省级再担保机构、辖内融资担保机构的三层组织体系，有效分散融资担保机构风险，发挥再担保‘稳定器’作用……各省（区、市）人民政府要按照政府主导、专业管理、市场运作的原则，推动省级再担保机构以股权投资和再担保业务为纽带，构建统一的融资担保体系；完善再担保机制，提升辖内融资担保机构的管理水平和抗风险能力，统一管理要求和服务标准，扩大小微企业和‘三农’融资担保业务规模。”因此，省级再担保机构以股权纽带形式设立参控股融资担保子公司，是符合融资担保行业顶层设计要求的。

二、全国省级再担保机构（含承担再担保职能的机构）股权纽带建设的基本情况

（一）各省级再担保机构设立情况

目前，与国家融资担保基金建立起再担保业务合作的有33个省市，其中21个省市设立了再担保机构来承担再担保职能，其余12个省市由直保机构履行再担保机构相关职能。此外，经调研，目前有11个省市存在融担集团和再担保机构[①]并存的现象。主要原因是这些省市的融担集团设立时间较早，在国家融资担保基金成立及6号文下发前后，才陆续设立再担保机构。目的是将商业性业务与政策性业务隔离，满足对于政府性融资担保、再担保机构的政策要求。再担保机构专注再担保主业，而融担集团通过大额资本金、商业化直保业务所带来的收益，支持强政策性的再担保业务，以实现整体的盈亏平衡，减轻本级财政对政策性业

①不含已无实际运营的融担集团以及不承担再担保功能的再担保机构。

务补贴支出的压力。

（二）各省级再担保机构股权纽带建设情况

目前，全国共有24个省市按照43号文要求开展了股权纽带建设工作。在构建股权纽带紧密程度方面，绝大部分省市（21个）构建起较为紧密的股权纽带关系，即设立控股的融资担保子公司，只有3个省市设立参股的融资担保子公司；在开展股权纽带建设主体方面，有超过半数以上的省市（13个）由省级再担保机构作为主体开展股权纽带建设。可以看出，在全国范围内，由省级再担保机构开展股权纽带建设，并且构建起较为紧密的股权纽带关系是目前区域担保体系建设的主流形式。

三、再担保机构设立控股融资担保子公司的优势与挑战

从北京再担保公司多年的股权纽带建设实践看，以再担保机构作为主体构建较为紧密的股权纽带关系，设立控股融资担保子公司是实现43号文顶层设计要求的必然选择，有利于推动辖区政府性融资担保体系的稳定与创新，形成相对统一的管理要求和服务标准，提高担保、再担保机构的可持续发展能力，扩大小微企业和“三农”融资担保业务规模。

（一）再担保机构设立控股融资担保子公司的优势

1. 有助于再担保机构更好地把握市场变化，为再担保机构做好业务政策及风险研判奠定实践基础

风险防控是担保行业经营的永恒主题，而再担保业务汇聚全行业风险，更需要及时掌握小微企业生存环境的变化，但在业务实践中，再担保业务大多不直接接触被担保客户，对市场环境变化的认知多数间接来

自担保机构或银行，难以获取企业的一手信息。因此，设立控股担保子公司，有利于再担保机构的经营管理团队积累融资担保业务实践经验、掌握市场动态、研判如何落实政府政策要求，在制定再担保业务政策时，避免出现与实际情况相脱节的情形。

2. 有助于再担保机构更为有效地传递业务政策意图，发挥引领作用

省级再担保机构作为全国政府性融资担保体系建设的枢纽，须要深入领会央地两级政策精神，并将政策要求、国家融资担保基金和自身的再担保业务管理要求有力有效地贯彻落地，设立控股担保子公司是行之有效的做法之一。以北京地区为例，一些需要长期坚持才能见效的政策，如坚持小额分散原则、支持文创领域小微企业、坚持银担分险合作原则等，主要是通过再担保机构控股的担保子公司先行贯彻并成功落地，形成行业内可参考的发展范本，再推广实行。

3. 通过与担保子公司的战略协同，打造担保与再担保合作的范本模式

担保子公司通过坚决贯彻再担保机构政策要求，严格进行业务管理，不断开拓创新，从而实现自身可持续健康发展，反过来与再担保机构形成良性互动，对再担保机构形成经营回馈，共同提升抵御风险的能力。

（二）再担保机构设立控股融资担保子公司的挑战

1. 如果控股融资担保子公司的业务占比过高，再担保机构整体风险集中度过高

从部分外省市的股权纽带建设实践情况来看，在再担保机构的再担保业务中，省市县多级担保公司、多个控股主体参与，业务风险相对分散，单一主体承担的风险总额有限。但如果其控股的融资担保子公司的业务占比过高，直保、再担保业务风险相对更集中于同一体系内部，对于再担保机构的风险管控要求较高。

2. 控股融资担保子公司对再担保机构的资金实力及人才储备有一定要求

一方面，采用控股方式对再担保机构的资本金有一定要求，担保子公司控股过多，必然形成对自身资本金的占用，因此，资本金补充或外部风险补偿机制不健全的再担保机构不宜设立过多的担保子公司；另一方面，再担保机构自身的人才储备也是另一个重要因素，如果无法派出合格的管理团队，管理跟不上，即便资金问题得到解决，也同样无法达成预期效果。因此，再担保机构在设立控股融资担保子公司时应在自身的资本金实力及管理能力范围内做优做强，成熟一家之后再考虑发展下一家。

四、再担保机构股权纽带建设的异议分析与建议

由于各地担保行业发展的基础不同以及历史原因，虽然有 43 号文的顶层设计要求，但关于再担保机构开展股权纽带建设，仍然存在一些异议，主要有以下几点。

（一）股权纽带建设相关异议分析

1. 获客方面

由于再担保机构掌握行业的信息资源，有利于其控股的融资担保子公司更方便地获取客户，引发公平性问题。从担保业务操作实践看，担保业务属于服务业，客户的获取与服务需要人与人之间的密切交互，需要有精准触达、获取信任、尽职调查、风险审查、签约和配合保后等一系列复杂的服务过程。简单的客户名称及数据字段令信息资源更丰富的银行也难以成功获客，再担保机构更加无法凭借这些信息获客或开展直

保业务。从再担保业务操作流程方面来看，控股子公司与其他担保机构均是并行作业后报备，时间上和实践操作中，均不存在对客户信息形成不公平占有的情形。

2. 经营方面

再担保机构汇聚本地区机构经营管理经验，从而使得其控股的融资担保子公司在经营方面占据优势，引发公平性问题。实际上，该异议很好地反映了再担保机构设立控股融资担保子公司的优势，政府设立融资担保机构的初心是以最小的财政成本去撬动社会资本服务小微企业，而通过再担保机构设立控股融资担保子公司可以实现财政出资以更小的成本和代价去服务小微企业的目标。行业发展需要更多先进优秀的业内机构，如果再担保机构控股的融资担保子公司在经营管理、风险控制方面有一定优势，对于行业内其他机构带动、示范作用更值得重视。

3. 业务合作方面

关于再担保机构开展分险业务合作条件的公平性问题存在异议。随着国家融资担保基金在全国范围内统一合作条件以及在全行业推进数字化转型，全国各地除了结合各省属地政策要求、产业导向等具体情况外，再担保的合作条件基本实现了标准化、统一化，再担保机构下属的控股融资担保子公司在再担保业务合作条件上不再获得特殊对待。

（二）股权纽带建设的建议

为推动政府性融资担保体系建设的进一步完善，充分运用好再担保机构股权纽带这一有利形式，再担保机构有必要处理好自身发展与行业发展之间的关系，充分发挥“增信、分险、规范、引领”的再担保功能，消除行业公平性方面的异议，具体有以下几点。

1. 再担保机构应加大对辖区内融资担保机构的支持力度，引导行业有序竞争

行业的有序竞争有利于促进行业高质量发展，相反，没有竞争可能导致垄断，更加不利于小微企业融资。再担保机构作为辖区内融资担保行业的基础性平台，可以运用金融科技技术以及产品创新，加大对辖区内融资担保机构的支持力度。近年来，北京再担保公司就在政府相关部门的支持和指导下，通过金融科技手段，探索主动获客“白名单”模式，向全行业开放共享资源，并向多家合作担保机构定向推送了“白名单”客户，帮助各融资担保机构拓展客户来源。同时，北京再担保公司还通过其搭建的再担保数智平台，定期公示行业运行数据、发布风险提示，帮助合作机构控制风险。

2. 再担保机构要切实维护好再担保业务政策的公平性

在国家融资担保基金成立以后，全国的再担保业务政策有了相对统一的制定依据，再担保机构应严格落实国家融资担保基金的政策要求，以统一的再担保业务政策服务于辖区内的融资担保机构，做到不偏不倚。北京再担保公司在保持政策公平性、开放性方面有着成熟经验，主要做法是定期制定、调整《再担保业务政策指引》及《负面清单》，并向行业进行公开，之后，通过与各家机构签署《再担保合同》，将上述政策固定下来。同时，充分运用数字化转型成果，促进再担保业务进一步规范化和标准化，通过业务系统将各担保机构的再担保业务合作统一化，避免人为因素的影响。

3. 再担保机构有必要将其控股的融资担保子公司打造成发挥“规范、引领”作用的标杆，并共享发展经验

再担保机构通过股权纽带建设政府性融资担保体系是 43 号文顶层设计的要求，也是构建统一的融资担保体系的关键环节，再担保机构有必要运用战略管控措施，确保下属控股融资担保子公司践行政府性融资担保机构的政策性要求，充分发挥规范、引领的作用。同时，更应加强与同业机构的交流沟通，分享关于业务拓展、风险管理等各方面的发展经验，为提高本地区行业整体的经营管理水平贡献自己的力量。

数字化转型

数字化转型是政府性融资担保机构兼顾政策性定位与市场化运营的必由之路

2023年7月26日，中国融资担保业协会以“三十载风雨兼程 新时代‘担’负梦想”为主题召开了中国政府性融资担保行业新时代高质量发展论坛。国家融资担保基金负责同志在此次论坛的开场致辞中，提到了一直困扰中国融资担保行业发展的核心话题：一方面强调所有合作机构要坚守支小支农的政策初心，不能在利润驱动下做大项目；另一方面强调要坚守市场化定位，不能单依靠政府，不能零保费，混淆银行信用产品和担保产品，不能超过自身担保能力和地方财力片面追求做大规模。因此，以提供普惠金融服务为根本目标的中国政府性融资担保机构如何处理政府与市场的关系，一直是个未解的难题。

在行业发展前期，补贴补偿机制不健全，社会信用体系不完善，几乎所有机构都难以完全聚焦于小额普惠类担保项目，都存在以大额项目为代表的非政策性业务收入补贴普惠类业务成本的情况。成本二八分布与收入倒二八分布的规律在行业内更是体现得淋漓尽致。部分早期成立的知名融资担保机构经营理念过度市场化，为满足股东高回报率要求，业务结构严重偏离政策定位，加之经济下行，其中一些机构甚至出现了局部系统性风险。因此，部分机构过度市场化和追逐利润可能导致整个行业背离原有初心和使命，这已经在行业内达成共识。

2023年笔者赴外省市学习政府性融资担保体系重建经验。这些体系重建的政府性融资担保机构，通过银担分险和“总代偿率封顶”机制降低了运营成本，控制了系统性风险，再辅以“三补一奖”机制，使辖内融资担保机构具备了可持续发展条件。然而，笔者也发现部分机构专业性减弱，过度依赖政府支持；部分地区还出现了一定程度的小微企业信贷“搬家”现象。一旦财政支持政策弱化，这种模式的可持续性就会令人担忧。另外，从行业诞生开始，就有一些财政出资的机构，或因专业化运营程度低、过度行政干预引发系统风险，或因缺乏激励机制，活力不足。从这些现象看，完全行政化似乎也不是行业良性发展的道路。

“政府出资、政策引导、市场化运行、企业化管理”的经营理念到底对不对？如何全面、完整、准确理解其中含义？我们认为“政府出资”是本源，决定着政府性融资担保行业的准公共政策属性和使命，使命驱动才能远行；“政策引导”是政府激励约束政策性小微融资担保机构的重要手段和方式，政策不合理就会产生劣币驱逐良币的效果。同时，担保具备极强的金融属性，市场化锤炼才能提高专业度和风险识别能力，企业化经营才能保证具备活力，这是融资担保机构的生命线。因此，市场化运行和企业化管理是机构维持生存的机制，更是政府支出最小成本的途径和必要手段。目标和手段不能发生异化，不能在手段中迷失了使命。

如何才能在坚守政策性定位与通过市场化手段实现政府性融资担保机构的可持续健康发展间实现兼顾？笔者认为数字化转型才是必由之路！目前，随着经济下行压力的增大，小微企业、金融机构和各级政府都面临着更加严峻的外部环境，以及随之而来的深刻调整。推动数字经济的发展，依托数字化技术实现降本增效已成为全社会各行业的共识。2023年，大模型在垂直领域的快速应用深刻改变着我们对事物本质的理解。所有组织都同时面临着线上化、数字化和AI的冲击，且数字化技术还在持续迭代升级，没有人可以停留在原有的框架内。数字化与产业的融合推动着各行业的重塑，产业数字化和数字产业化使得数字化转型成为所有企业的必答题。在全行业都在关注数字化转型的背景下，笔者谈几点体会。

一、深刻理解客户并了解业务是数字化转型的前提

从全国调研情况看，各省数字化转型的系统设计思路差异较大，基本与各省机构运行模式高度吻合。绝大多数在43号文下发后新设立融资担保机构和再担保机构，其业务系统的建设逻辑是为银行业务单笔、批量化准入设计接口；银行负责获客、评审和签约；担保机构在准入环节按照自身准入规则进行校验，在过程环节实现监测。而存续时间较长、经历了传统尽职调查以及全流程操作的机构，数字化转型思路则是以对区域小微企业的深入理解为前提；是对包括客户申请、尽职调查、公证签约、抵押、保后、日常维护以及后端资产处置等整个业务环节的数智化改造；是在对传统业务流程的深度理解和重构基础上，利用数字化和智能化手段提高效率、降低成本的转型。未来两种业务模式、两种系统功能将长期存续、相互交融。

笔者观察到，一些资金和业务规模较大的融资担保机构每年投入数千万元，挑选业内知名的科技公司来开发系统，推进数字化转型，但并没有起到相应的作用。其最大的问题在于，担保机构高层如果对数字化或者智能化工具不了解，科技公司如果对业务理解不对，对客户融资心理和习惯不了解，对一线人员线下痛点不了解，系统将无法对业务流程重构。原本的制度僵硬将造成系统和业务实际运行分离，数字化转型反而会成为一线工作人员的累赘。

二、数字化转型一次性投入大且共享特征显著

数字化转型的投入，包括基础设施投资（包括服务器、云、安全等级保护等投资）、系统开发成本（包括开发人员成本、购买各种中间件、各类接口和私有化部署等成本）、数据成本（包括外部采购数据的成本，也包括对外采数据、生产数据的治理成本，即元数据管理、数据标准、数据采集、数据清洗和加工、数据存储、数据质量管控、数据加密脱敏以及隐私算法等安全管理、数据资产编目、数据传输交换、数据可视化等成本）。大模型在垂直细分领域应用后，算力、算法和垂直领域大数据训练则需要更大规模的投入。因此，数字化转型存在一次性投入大、边际成本低、共享性显著的特征。

如果行业内每一家大型担保机构都各自构建数字化平台，一方面重复投资造成社会资源的浪费；另一方面在不互通互联的情况下，还极易形成“数据孤岛”“系统烟囱”。行业内的小型担保机构资本金不足，业务规模较小，投入不经济，投入能力也不足。因此，各地政府性融资担保机构数字化转型要统一构建、互联互通，形成全国政府性融资担保体系的数据大网。链接比拥有更重要，所有机构要从“囤积数据”转向“共享数据”。在数字经济时代，让自身变得有价值的最好方式就是链接，为自身和同行赋能。

另外，数字化、智能化开发永无止境，要随着市场变化、技术进步去完善。构建数字化平台涉及的环节、细节和要素非常多，考验着一家机构的技术解构和整合能力，以及成本控制能力。就如同装修一样，全部交给最知名的装修公司，成本必然高昂。如果自己想好方案，去建材市场挑选最好的材料，虽然辛苦，但成本可控且满足实际需求。

三、数字化经济的长尾效应和规模效应降低了普惠业务的成本和风险

数字化经济的长尾效应把原本规模小、分散的客户聚拢起来，变成规模庞大的业务。尤其基于强场景的平台和供应链，可以实现海量、快速、低成本获客，改变了过去分散获客引发的高成本困境。从各类个人和企业征信公司获取的工商、司法、税务、行为、交易以及强场景数据，可以通过经验模型或智能算法实现融资额度的秒级测算。通过人脸识别、OCR、区块链技术完成线上签约和存证；未来基于RPA、IPA、NLP、KG、NLU、BA、TTS等AI技术和工具，能实现智能问答、智能辅助审批、自动生成合同和智能合规审查等。同时，基于企业财产数据、个人资产和行为数据，也将大幅提高追偿率。司法系统开始慢慢接纳线上公证，并正在探索诉讼执行案件进度的可查和可视化，智慧司法的进步将大幅压缩追偿周期，并完成多级风险体系回款的自动清分。

大数据、AI的应用大幅提高了小微企业融资的成功率、效率和体验感，降低了金融机构的管理成本和运营风险。面对小额分散的客群，融资担保行业正悄然改变着“勤劳难致富、薄利难多销”的困境，为履行政策性降费以及业务结构全面政策化提供了商业可能；以小额分散为基础的规模化增长彻底改变了传统融资担保机构规模一旦做大，管理和风控就失效的困境。同时，融资担保机构业务辐射半径也悄然发生改变，跨区域经营成为可能。在此情况下，银行若能秉持“共担风险　共享收益”和理性务实的风险控制理念，不再强调规避短期个体责任，提高银担合作的长期、全局站位，那么，政策性融资担保机构将彻底实现良性发展。

四、依托数字化经济的范围经济效应，重新审视聚焦主责主业

数字经济不仅具备长尾效应和规模经济，还具备范围经济效应。规

模经济是指大批量生产同样产品和提供同样服务，以达到成本最小化。范围经济则是基于同一客户的多元化经营，通过协同效应，使得综合成本最小化。当下全球需求收缩，供给过剩，各行各业高度竞争和内卷，企业的核心优势已经从资源禀赋转化为客户资源获取，即“得客户者得天下”。客户多元需求所对应的供给完全可以通过整合更多厂家实现，这也是平台企业能够实现几何级增长的原因所在。

数字化时代的范围经济与传统融资担保机构探索的范围经济完全不同。传统融资担保机构探索过的范围经济，如担保、投资、小贷、租赁和保理等多元业态联动，通俗讲就是“一鱼多吃”。这种模式最大的问题在于多元化协同发生在线下有限的大客户中，且全部聚焦于金融服务供给。金融业与其他行业最大的不同在于杠杆效应，盈亏同源于此。一旦发生风险，将产生不可估量的系统性危害。当下北京市融资担保行业声誉就因个别机构的这种问题而深受影响。

数字化转型后的政府性融资担保行业的范围经济是建立在小额分散基础上的线上协同。一旦拥有覆盖面更为广泛的客户，机构就可以凭借商业化手段嫁接和撮合各类要素和供给，带动更多资本、科技、人才、数字资源等向小微企业服务领域聚集，同时增加自身收入来源，弥补政策性业务收入不足。如同中和农信农业集团有限公司（下称“中和农信”）基于农户真实需求，在金融服务基础上拓展了农村保险代理、农业生产、乡村电商及分布式光伏等服务，逐渐搭建起聚焦农村小微群体，覆盖农业生产、乡村生活等多方面的农村综合服务平台。依托统一的客户平台，中和农信在助推脱贫攻坚和乡村振兴的同时，自身也获得了商业可持续性，真正实现了“中国版尤努斯”的义利并举。

五、数字化转型从来不是技术问题，而是思维问题

大型组织的有效管理一直是管理学的难题。运行成本高、效率低下、官僚化带来的员工幸福感丧失与所有制性质无关，而与组织规模和管理模式有关。著名制度经济学家科斯认为，交易成本与管理成本的对比确定了企业的边界。数字化使得管理透明化和可视化，大幅降低了企业监管成本以及目标上下传导中的偏差，大幅延展了组织与市场的边界，即数字化有助于组织实现熵减。在当下时兴的 AI 大模型中，第四范式提出的北极星穿透式决策大模型，为决策者战略目标赋能是其一大亮点。

因此，一家融资担保机构的数字化转型是从业务到管理的全方位转型。大机构降低管理成本、提高决策效率和科学性同样需要数字化转型。在推进与银行接口互联、银担线上产品优化的过程中，笔者发现银行投入数字化、智能化的财力远超企业，但系统贴合市场需求、赋能一线人员的程度不一定高于企业。究其原因，一线人员对系统完善的建议要经分行、总行各层级、各部门并形成合规决策文件，再转化为科技部门的工作至少需要半年。上下穿透中的偏差、时间成本造成了部分银行数字化系统完善的进度缓慢。企业的决策链条短，只要技术有创新，功能有缺陷，科技部门能马上响应和完善。由此说明，改变科层化组织结构、推动管理数字化革命同样重要。数字资源平权将深刻改变管理学原有的理论。

六、AI 将重塑融资担保行业的人力资源结构

在数字化平台建设中，笔者就平台名称进行了多轮讨论。其间，以 ChatGPT 为代表的生成式大模型的广泛应用引起了社会热议。在平台原本数字赋能基础上，强化 AI 在担保垂直领域的训练将有助于进一步强化平台功能，并被确定为平台后续开发的主要工作。于是笔者将平台最终命

名为“北京再担保数智平台”，展现了新时代北京再担保公司通过“搭平台、建机制”去进一步夯实“增信、分险、规范、引领”功能的知行合一举措。

以 ChatGPT 为代表的 AIGC 使我们即将从信息化时代迈入知识化时代，获取知识的成本将大幅下降。这意味着一些以基础知识为核心的岗位很快面临领域大模型应用的竞争。大量程序化、事务性重复工作将被机器替代，如行政助理、文秘、初级财务和法务助理、初级程序员、客服等。只有那些具备创新能力、渠道开拓能力的员工才无法被完全替代。AI 把人力资源和劳动力做了有效区别，也给人力资源结构重塑和薪酬制度调整提出了新的挑战。

AI 向善，希望数字化转型能为化解中国政策性融资担保行业三代人心中共同的困惑提供可能，让我们不再徘徊和不知所措。作为行业一员，笔者将努力成为行业数字化转型的探索者和实践者；愿笔者所在和深爱的组织——北京再担保公司，再次为行业带来新的发展范式。

数字化转型：一场融资担保行业的蒸汽革命

习近平总书记指出，数字技术正以新理念、新业态、新模式全面融入人类经济、政治、文化、社会、生态文明建设各领域和全过程，给人类生产生活带来广泛而深刻的影响。近年来，中共中央、国务院先后印发《关于构建数据基础制度更好发挥数据要素作用的意见》《数字中国建设整体布局规划》等重要文件，将数字化与各行各业的融合推到了前所未有的高度。就小微企业融资而言，《"十四五"促进中小企业发展规划》明确提出："鼓励各地建设区域性中小企业融资综合服务平台，推动信息互通和共享应用，促进金融机构与中小企业融资对接。"与此同时，国家发展改革委联合国家金融监督管理总局正在加快推动全国"信易贷"平台建设。2023 年，财政部也在《关于加强财税支持政策落实　促进中小企业高质量发展的通知》（财预〔2023〕76 号）中进一步强调，要引领政府性融资担保机构向数字化、智能化转型，提升服务小微企业的质效。

为落实相关政策要求，2023 年上半年，北京再担保公司先后前往湖南、江西、江苏、山东、上海、浙江等地同业机构调研，接待了四川、安徽、重庆等地同业机构的来访并进行了交流，对各地数字化转型情况进行了深入了解。本文总结小微企业融资以及融资担保行业数字化转型调研成果，并结合北京再担保公司的实际情况，谈谈北京再担保公司对于融资担保行业数字化转型的理解以及在数字化转型方面的实践经验。

一、全国小微企业融资数字化转型情况

在调研交流中，笔者意识到数字化转型已成为行业共识，是顺应时代潮流、响应政策号召、适应行业竞争和市场需要的必然要求。是否实现数字化转型已成为“旧金融”还是“新金融”的分水岭。

（一）各地中小企业融资服务平台情况

从全国各地区服务小微企业融资的数字化平台看，各地建设情况差距较大，各地针对小微企业的数字化平台主要分为三类，见表5。

表5 三类数字化平台

主办方	名称	备注
各地征信公司	某地征信网	一般是获得中国人民银行征信备案资质的公司，可以从当地大数据局获取免费的数据接口，经过对公共大数据的治理、开发形成数据产品，由政府授权运营，面向金融机构等销售
金融综合服务网	某省金融综合服务网	一般是由当地银保监局牵头，在当地政务云上进行数据的调取、清洗、开发和为银行建模。本着数据可用却不可见原则进行建设，银行统一接口，在政务云上开发产品
信易贷	某省信易贷站	全国层面由国家发展改革委牵头，各地一般是由当地发展改革委或者经信局的社会信用体系建设处分管，协调免费数据，推动“政、银、企”信息互通和共享应用，结合大数据、智能风控等金融科技手段为小微企业服务

浙江省金融综合服务平台（下称“浙江金综平台”）是全国相对领先的平台。浙江金综平台是由浙江省原银保监局实施、省发展改革委协调、省大数据局提供数据支撑，明确为浙江省数字经济在金融领域实施的“一号工程”。自2019年11月上线以来，覆盖了省内多数银行，从目前看也是各地相对比较务实的平台。其特点如下。首先，平台数据基础相对扎实。省政府牵头统筹数据归集、共享，为平台的发展打下了坚实的数据基础，同时浙江金综平台对归集的原始政务数据实施精准筛选和深度挖掘，且坚持一个平台建设思想，避免资源消耗和重复建设。其次，专业化团队负责运作。由原银保监局指导下的省银行业协会牵头，使其

相对容易地解决了金融城域网接入问题，同时协调金融机构也更为便利，平台设计更贴近金融机构需求。第三，建立数据激励机制。浙江金综平台对于各银行可使用的数据接口设置了 VIP 数据席位的奖惩机制，与平台黏合度更高的银行可获得更丰富的数据源，进一步增强银行与平台间的正向关联。然而，浙江金综平台也未能切实整合税务、司法等纵向管理的数据。这部分数据又恰恰是金融行业所需的关键数据。

从这一轮调研来看，各地小微企业融资服务平台还存在以下问题。第一，各地小微企业融资服务平台缺乏统一规划，存在国家发展改革委、国家金融监管总局等部门、省市两级重复建设现象。第二，涉及小微企业融资的数据在获取和使用方面，各地存在不同程度的障碍，公共数据资产的“普惠性”和“公共性”不足。第三，参与小微企业融资的各方主体未能真正实现业务互通和信息共享，“数据孤岛”现象严重。

（二）各地融资担保机构数字化转型情况

全国各地区融资担保行业数字化水平参差不齐，目前大致分为四个梯队，见表 6。第一梯队为北京、深圳、重庆、山东、浙江和江苏等地，已构建了相对完善的业务系统，处于持续推进数字化、智能化转型的不同进度中。第二梯队主要为依靠省内行政手段全面推动国家融资担保基金的全国融资担保数字化平台以及直保 SaaS 使用的机构，实现了线上化报送，建立了数字化转型的基础。第三梯队的机构自建或者对外采购业务流程系统，但功能较为简单，仅初步实现了线上化，尚未实现数字化和智能化。第四梯队包括许多偏远地区，尤其是市县一级的机构，其尚未建立业务系统，还处于传统手工操作阶段。

表 6 四个梯队的情况

分类	发展水平	代表	备注
第一梯队	有相对完备的业务系统，具备一定的数字化能力，有不同程度的外接数据、机构和内设模型	通常为两类机构：一是市场化程度高的早发地区，如北京、深圳、重庆的部分机构；二是行政推动的后起省份，如山东等	（1）系统逻辑、功能差异较大，与业务范式重合；（2）共性是投入大、成本大，构建统一的行业基础设施运营体系
第二梯队	大规模推动国家融资担保基金全国数字化平台和直保SaaS的省份，初步实现了线上化、数字化	四川等试点地区	（1）国家融资担保基金作为公共产品投入，机构花费较少；（2）产品个性化不足，供应商满足不了全国各机构的运维需求，造成推进和调整缓慢
第三梯队	有简单业务系统，具备业务流功能	各省绝大多数机构	系统投入成本在100万元之内；功能简单，难以满足未来数据沉淀、智能决策的需求
第四梯队	无业务系统，尚处于手工阶段	偏远省份的市县级机构	大量业务仍采用人工、非结构化的评审模式，无法享受数字化的红利

山东省作为政策性业务后发省份，其经验值得学习。山东省投融资担保集团有限公司注册资本金规模并不大，得益于一把手重视，组建初期就为全省构建了统一的数字化平台，实现全省担保体系在准入标准、业务流程、风险控制和风险监测等方面的统一化管理，避免了重复无效投入，有力推动了山东省政府性融资担保体系的重建。同时，令人惊喜的是潍坊等地的政府性融资担保机构对数字化转型的思考也较为超前，做法也更加务实和深入。

二、北京再担保公司对于数字化转型的理解与实践

在全社会提倡数字化转型、全行业宣传数字化转型成果的当下，我们也要清醒地认识到数字化转型一定要务实，一定要结合公司自身的财力和业务情况，综合考虑如何稳步推进。

（一）数字化转型到底是什么?

传统融资担保机构的业务流程就是“手工业”，即营销、尽职调查、评审、决策、签约、保后、追偿等各环节，都由人工依靠简单辅助工具完成，只能从事小规模生产，绝大多数关于业务流程的知识和经验都储存在员工个人的大脑里或者以 Word 等各种非结构性数据存放在电脑或业务档案中。

数字化转型就是“一场融资担保行业的蒸汽革命”，即打破个体知识壁垒，把非结构性文档变成结构性数据，把个体知识转化为组织的知识图谱，通过知识建模、流程重塑去实现全流程的智能化应用。因此，流程线上化和自动化、数据资产化和应用智能化是金融行业和融资担保行业实现数字化转型的标志。传统担保与数字化担保的对比见表 7。

对于融资担保行业的数字化转型，数据是生产资料，技术是生产工具，而调动数据实现各种应用的规则是一家企业多年积累的业务和管理经验，即组织的知识图谱。这是一家企业的核心资产，是企业赋能业务演进的基础设施，是一个企业的 CPU。

笔者认为这也是北京再担保公司在这一轮数字化转型中最大的优势——我们在缺乏机制红利的背景下，通过微观努力、小成本投资实现了务实的应用。北京再担保数智平台整合了对行业的理解以及业务精细化管理的经验，通过数智方式赋能全国同行。而部分政府性融资担保体系建设后发省份的数字化转型投入相对较高，整合的政策资源较多，其优势在于能有效解决“数据孤岛”和业务标准统一等问题，但劣势在于缺乏对行业微观和细节层面的积累。

表 7　传统担保与数字化担保的对比

项目	传统担保	数字化担保
装备	手工操作	计算机、机器人
知识体系	个体经验、人脉	沉淀经验和制度形成的知识图谱
运行机制	各种流程、制度，以各层级、各部门签字	行业知识图谱，将数据实现各种整合应用的RPA、IPA 引擎
体现形式	Word、Excel 和 PPT	辅助决策支持系统、BI 报表和可视化大屏
组织文化	各自为战、推诿扯皮	跨部门协作、共享、组织赋能，以客户和组织目标为中心

数字化转型的本质就是一种企业能力的复印机，代表着以企业知识经验和能力为核心的共享、复制、协同，针对不同场景和客户的数据按照自身规则去计算和复用。面对日益增多的担保项目，笔者曾感叹即便是脑力工作到最后也成了体力活。而数字化转型，则能部分实现将“脑力工作的体力活”快速复制和自动完成，使得我们能有更多的精力去创新。另外，我们不得不承认在任何一个组织中，员工的才能都是呈正态分布的，方差现象不可避免。而数字化则尽可能地将较低段位员工的能力拉升至期望值。

（二）数据是数字化的基础

1. 外采数据

担保行业在评审和管理中需要很多数据，这些数据根据主体不同，分为企业数据和个人数据，见表 8。这就需要通过外采方式以解决风险控制中的信息不对称问题。按照《网络安全法》《数据安全法》《个人信息保护法》等相关法律法规，采购数据只能面向具有征信资质且经国务院征信业监督管理部门备案的征信机构。而目前从事个人征信的公司只有朴道征信和百行征信两家；从事企业征信的公司有 140 多家，其中以北京、上海居多。同时，数据的使用必须有企业或者个人的授权。

表 8　数据分类、类型和说明

分类	数据类型	说明
企业数据	工商、经营信息、简要司法信息、知识产权等数据	本质为公共数据，天眼查、企查查等机构进行了收集，以数据产品形式对外销售
	司法数据	翔实数据获取困难，需要从高院专业数据来源获取
企业数据	实时详细版本的纳税开票信息、企业上下游、财务报表数据	获取困难，各地能获取的情况不一
	央行征信数据	获取困难，机构需要经过多年的报送工作，才能具备查询功能，且开通查询功能后的管理风险和成本较高
	社保数据、公积金数据	属于公共信息，但获取也相对困难
企业数据	银行流水数据	由中国人民银行统一开放，目前逐步对银行系统内部开放，尚未对外开放，获取难度较大
个人数据	个人信息	市场相对容易获取的信息包括来自公安、运营商和互联网金融的身份核验数据、通信数据、互金数据；特定数据包括地址数据、家庭关系数据、财产数据、行为数据、消费数据、关系数据等，获取相对困难，商业数据涵盖的内容不一

2. 数据治理

融资担保机构要做到数据资产化，需要对所有外采数据、内部生产数据（结构化数据、非结构化数据进行 OCR 识别或者 NLU 后抽取）进行有效治理，即管理元数据，制定数据标准，形成数据质量管理体系，管理主数据，形成数据资产（编目、检索、服务），实现数据从采集、清洗、集中、转换（传输、节点管理和交换审批）、存储和应用整个过程的完整性、准确性、一致性和时效性，从而有利于跨部门间的共享利用。如果形成数据资产对外销售，那么，还涉及数据脱敏、去隐私化、异常检测等安全问题。在联合建模过程中，在实现安全和隐私的前提下，又涉及如联邦学习、安全多方计算、同态加密、差分隐私、属性基加密机制和可信执行环境等。当然，这些都可以通过外购技术实现，但是数据整合使用的最终目标是业务层面理解各类主体数据之间的关联与整合。

（三）组织知识是数字化的核心

知识图谱（Knowledge Graph， KG）本质上是一种用于存储和组织知识的方法，即以符号形式结构化地描述物理世界中的概念及其相互关系，基本组成单位是“实体—关系—实体”三元组，以及实体及其相关属性的键值对；实体间通过关系相互联结，构成网状的知识结构。知识图谱从萌芽思想的提出到如今已经发展了60多年，包括知识表征、知识获取、知识推理、知识应用的研究，在这一轮各行业智能化中起到基础支撑的作用。

正如德鲁克所说，“经济社会的根本问题是知识利用问题”（《知识社会》）。一个行业数字化转型的基础是数据，但核心是行业自身规则、经验和由此形成的知识体系。仅靠数据，无法实现流程自动化。知识体系的价值在于驱动数据处理的自动化。有了知识体系，有了不同数据标签的关系规则，就能实现流程自动化。

融资担保行业发展多年，无论是先发的知名机构还是后成立的机构，都难以真正实现知识的提炼和沉淀，即形成理论基础和知识体系。在手工操作阶段，缺乏将评审报告、制度等非结构数据转化为结构化数据的能力，缺乏对行业规则、专家经验的沉淀转化，更缺乏构建知识图谱的技术手段。因此，知识分享的主要手段为协会组织的各种培训，但培训内容和质量缺乏品控标准；扩散覆盖面也极为有限。

搭建一个知识图谱系统的重点并不在于算法和开发，最重要的核心在于对业务的理解以及对知识图谱的设计。在知识图谱的构建过程中，抽取实体、关系和属性时，虽然与通用的知识图谱一样会面临消歧、对齐和融合等难点，但如果拥有多年对融资担保行业、小微企业融资以及公司精细化管理的经验和专业知识，抽取和构建就会更精确。例如，围绕“文科 e 贷”专项产品，通过实体划分得到产品名、限制金额、准入条件等属性。那么，客户在申请时候，就能直接判断是否满足条件，并计算出担保金额。

一家融资担保机构知识图谱的构建（见图 5）是逐步积累起来的，通过解决局部问题和痛点，日积月累，逐步补全。要不断沉淀对行业的理性认知，精准管理业务风险，优化业务流程，用专属规则调用和计算数据，从而才能实现从业务到管理的智能化决策。

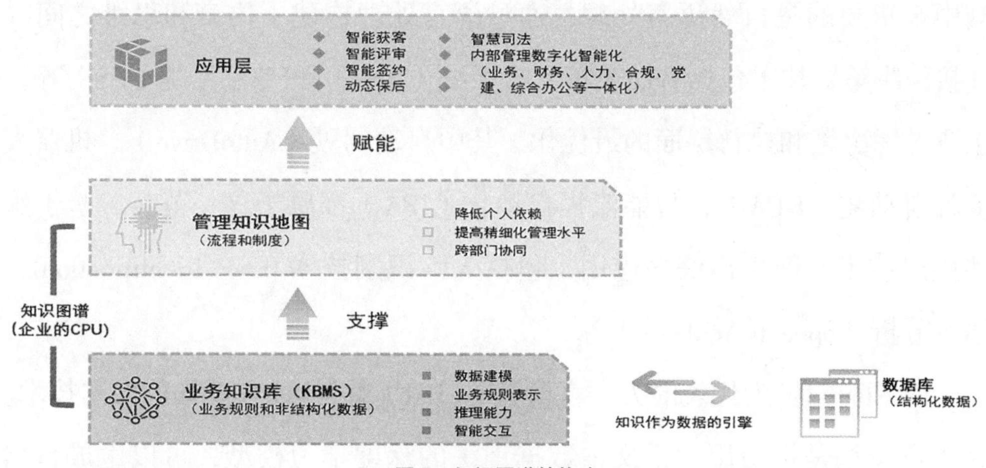

图 5　知识图谱的构建

多年来，北京再担保公司围绕小微企业的还款能力，构建其与实际控制人（多维度数据标签）、所属行业、科技数据标签、经营管理、上下游、财务等多维度数据的属性，帮助员工实现精准营销、智能评审、智能风控和合规要求。北京再担保数智平台上线运行，是在完善外采数据源和提高自身数据质量的基础上，促进行业知识共享和价值赋能的有益探索。

（四）智能化

数据是智能的“原料”，人工智能是吸收数据后的“引擎”，把企业提供的数据与自身数据库数据进行交叉引用，分类处理并做出决策。

人工智能（AI）指的是利用计算机和机器模仿人类思考、推理和行动的能力，从而完成各种任务。这需要一系列的技术，主要包括感知层技术、认知层技术和决策层技术。其中感知层技术包括对视觉、听觉、语言处理技术，即包括光学字符识别（OCR）、语言识别（ASR）等。认知层技术包括自然语言处理（Natural Language Processing，NLP）、知识图谱，其中最重要的是自然语言处理，通过语言处理构建了语言和思维之间的连接；决策层技术包括智能决策支持系统（IDSS）和专家系统（ES）等，主要考虑决策和执行层面的最优化，其中自动驾驶（AutoDrive）、机器人流程自动化（RPA）、智能流程自动化（IPA）都属于这一范畴。基于这些底层技术，衍生出许多应用，包括人脸识别技术 (Face Identification)、语音分析（Speech Analysis）等。

以 ChatGPT 为代表的大语言模型（LLM）就是 AI 在感知层面的技术。大语言模型是指使用大量文本数据训练的深度学习模型，可以生成自然语言文本或理解语言文本的含义。机器的深度学习类似于一个多层神经网络，计算机模拟人脑神经元之间的连接强度逻辑，以实现分类和预测的功能。这个领域的公司包括数据服务（上游）、算法模型（中游）、应用拓展（下游，包括文本处理、音频处理、图像处理、视频处理）等一系列公司。

融资担保行业本质上属于金融行业，利用 AI 技术对复杂多样的数据（多维度、多模态、异构）进行表达、处理、分析及挖掘，可以为基于大数据制定决策与执行任务提供更加智能化的应用。在北京再担保数智平台（见图 6）的建设中，主要的应用如下。

第一，利用 AI 技术生成各种数据（核心是 OCR、NLU）。例如，利用 OCR 识别财务报表、各类证照、法人身份证等；利用自然语言处理对数据进行理解（NLU）和抽取处理，例如，在北京再担保数智平台中，笔者对外部合同进行抽取后填充，自动生成委托保证合同以及其从属合同。

第二，利用自身经验积累形成的知识图谱去实现产品设计和智能审批。例如，设计线上产品“文科 e 贷”；利用自然语言生成（Natural Language Generation，NLG）技术构建各类分析数据，以完成评审报告的一键生成、保后管理报告自动生成等功能，大幅提高效率和降低操作风险。又如，基于多年风险审核的经验，挖掘股权结构、上下游情况、财务状况、实际控制人（学历经历、家庭、年龄）等与违约之间的关系，制定规则引擎来构建智能审核辅助系统。在现有开源大语言模型基础上，结合担保行业监管和政策要求进行垂直训练，采用类似于自然语言的方式将规章制度、审批流程等政策以规则形式转换成审批知识，提供规则与深度学习相结合的推理引擎，对标准化业务合同实现智能审批。

第三，流程自动化处理。在现有数据和工具下，对公司原本的流程和制度重构，利用RPA、IPA技术实现流程的自动化，包括智能试行审批流、资金流、合同流等。

第四，智能客服。基于自然语言处理技术，在多层次大语言模型基础上进行融资担保行业政策、知识的垂直训练，平台会提供有知识、懂交流、会分析和能执行的智能客服，回答用户的问题、及时通知客户还放款、进行政策申报等。

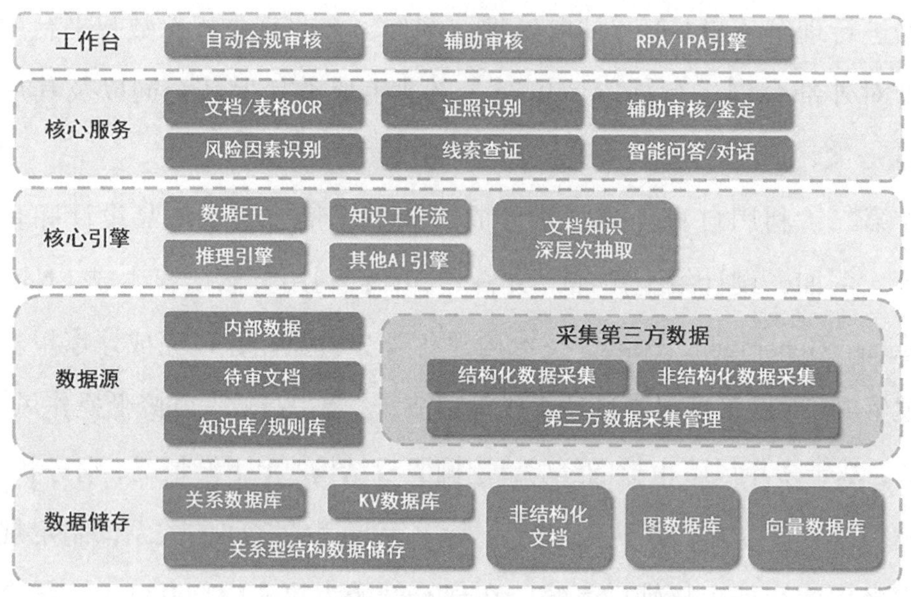

图6 北京再担保数智平台

总之，在数字化浪潮中，每家机构有必要本着务实的态度，根据自身业务模式和人员情况，踏踏实实地从问题和痛点入手，挑选最合适的模块和功能。我们花了三个月建设北京再担保数智平台，却凝集了北京再担保公司成立十五年来对融资担保行业不断深入的认知、对业务不断优化的调整，并随着技术演进和客户需求持续改进。

最后，融资担保行业的数字化本质上是自动处理可标准化的工作，即让机器去替代手工操作的重复工作，从而令从业者去开展更具创新性和价值的工作，是辅助人而不是替代人。每一个行业的进步都要逐步标准化和非人格化，实现工业时代的大规模作业。因此，数字化转型是融资担保行业的一场“蒸汽革命”，对于那些习惯了传统范式的多年从业者而言，它也是一场“自我革命”。不论个体是否愿意，拥抱变化将成为唯一选择。

再谈行业的数字化、智能化转型

数据已渗透到我们生活、工作的各个领域。似乎一切事物正在转化为数据，一切都在被数据定义。大家在面对新冠疫情冲击、业绩增长压力、风险和不确定性环绕，数字化转型似乎成为缓解各行各业焦虑的“万能药”。然而，在这场喧嚣的讨论中，许多人对数字化转型的理解是“碎片化”的、盲目的。

在谈数字化转型时，我们首先要回答数字化转型的目的是什么？是为了模式创新，还是降低成本，抑或提高效率。没有战略做牵动、没有文化做匹配的数字化转型，将导致企业陷入更大的困境。随着北京再担保公司数字化、智能化转型的深入，我们更深刻感受到了数字化、智能化带来的变化——企业发展的底层逻辑、增长方式变化了，我们所有人职业胜任能力发生了革命性的变化。

一、为什么要进行数字化转型？

放眼我们周边，除了平台企业和风口企业以外，其他企业或从业者都说自己很难。在融资领域，“难”体现在银行和担保公司同行们的小微贷款指标完不成，大家都说“小微企业融资难、融资贵”，却不知银行获客同样艰难。过去，小微企业有资金的支持就能扩大经营规模；而当下，企业即使有了钱，也不知道投资什么领域。

环顾四周，市场竞争突然白热化，一夜之间，客户在银行和担保公司间比较融资成本和融资条件。大家在存量市场中竞争激烈，伴随着中国经济高速增长的大规模融资的时代似乎结束了。

客户资源成为化解难题的唯一钥匙。企业实现数字化转型，获得了与客户的连接、与生态伙伴的连接，可以更大范围地整合和集聚资源；既避免了跨界者的入侵，同时资源和能力也不再局限于自身，有了更大的发展可能性。

因此，改变“供方思维”“以我为中心”，实现数字化转型，强化与客户的链接，了解客户的真实需求，及时满足需求并创造需求，赋能生态，提高产品和服务品质，是企业存活的唯一途径，也是数字化转型牵引所有行为的目标。

二、谁该是数字化转型的一号位?

北京再担保数智化平台建设的构想，诞生于2023年“五一”期间笔者与同事间的微信朋友圈聊天和突发奇想。“五一”后，笔者和同事形成专题报告，向主要股东进行了汇报，并开展全国调研。6月，平台开始建设；7月底，基本完成多数工作；8月，进行最后完善并实现上线试运行。短短2个多月，笔者和同事迅速夯实了公司底层的数据，形成500多个外部接口，超过1万个字段。7月2日，“2023全球数字经济大会人工智能高峰论坛”在京举办，笔者第一次认识了各路大模型的大咖们。10月，北京再担保公司所在领域的大模型已经开始进入大规模训练阶段，AI员工也已经上线。

对于一个凡事要走程序，要履行党组织和公司各项规范化决策程序的国有企业，这样的建设速度可谓快得惊人。

放眼融资担保行业，凡是数字化转型干得好的机构，无不是一把手亲自抓。笔者看到，许多机构把数字化转型的工作交给一个副总分管，副总再“挂帅不出征”，交给分管部门，一个部门经理再去整合各个板块和条线，资源整合、跨部门协调难度较大，数字化转型举步维艰。因此，数字化转型的一号位只能是而且必须是公司的一把手，这也是一把手的能力和责任所在。数字化转型是一场牵动公司资金投入、制度变革、组织重塑的革命。只有一把手，才能真正站在全局视角凝集共识，跨部门协调资源，把所有业务板块、职能条线和层级整合拉通，给“技术能力”施展才华的舞台。

在不确定性成为所有组织新常态的当下，数字化转型要站在长远视角，综合考虑短期投入与长期需要、确定的投入与支出和不确定的成效。只有强有力的一把手，才能推动组织实现变革，重启新的发展愿景和重塑组织文化，找到适合自己经营管理实际又在可承受范围内的转型方式。否则，数字化转型就成了凑热闹、跟风、追时髦，必然是虎头蛇尾、无疾而终。

三、组织管理学的重构和企业文化的重塑

2006 年，笔者研究生毕业，进入社会，从一个微观的、基层的视角观察组织、观察社会；误打误撞进入了融资担保这个行业，有幸帮助了很多小微民营企业；作为一个长期在一线的工作者，笔者能更真实地从底层视角观察和思考企业管理。

一个大型组织如何以最低管理成本去推动组织目标实现是个未解难题。你会看到，无论是政治组织（政党），还是经济组织，扩大影响力、获得生存所需要的高速增长，必然伴随着人员规模的扩张、组织架构的复杂。现代大型组织几乎全部是马克斯·韦伯口中的科层制。然而，企业规模大了，一定伴随着组织的僵化、效率降低、内卷、部门主义、官僚主义和员工幸福感降低；这如果达到一定程度，就会出现个人和局部背离组织目标，最终导致组织逐步衰退。许多人把封建王朝的帝王术和

公司政治的潜规则庸俗地理解为科学管理理论，而管理本质是权力、责任、利益三角对等，几乎所有管理出问题，都是因为三者的不对等。

然而，数字化技术使得组织目标能从上到下精准穿透，客户及市场信息也能从下而上即时无误地同步更新至组织一把手的顶层，这是不是能有效解决大型组织的管理难题？笔者认为这至少提供了解决的可能性。当一个企业由“自我为中心”转向“以客户、生态伙伴”为导向，组织架构将从过去基于分工的架构转变为更加灵活、跨部门的合作。北京再担保数智平台建设的经验也在于，我们基于创新带来的激情、对公司共同的情感，不分层级，打破部门分工和公司年初任务书，通过微信群建立共建、共享和共创机制，及时沟通工作进度，每个人都会把工作进度、有用的知识分享到群里。

因此，数字化转型本质上是一场“自我革命”，我们应打破以我为中心的供方思维，重塑以客户为中心、赋能生态的价值观和组织架构，更应激活组织和个体，构建和谐向阳、尊重一线和基层的企业文化观。数字化转型是三分靠数字、七分靠思维和组织文化的转型。传统组织与数字化组织的对比，见表 9。

表 9　传统组织与数字化组织的对比

对比项	传统组织	数字化组织
背景	以供给为中心	不确定环境下的供给过剩
核心	低成本、大规模生产	以客户为中心，与连接者共赢
规则	任务、指令驱动，权责边界清晰	目标驱动
架构	科层组织	跨部门、跨层级协同
组织理论	泰勒的科学管理理论、马克斯·韦伯的科层制	激活个体、协同、共生；《组织的数字化转型》《激活个体》《协同共生论》
员工	任务工具	共同成长、共赢
组织文化	封闭、部门主义	开放办公、协作、共享

续表

对比项	传统组织	数字化组织
激励制度	以层级为中心的分配原则，导致人人都想当官（为了工作、赚钱，忍辱负重，说职场假话，虚假繁忙）	公平且可见；（在中国富起来背景下成长起来的一代进入职场，不为生存，愿意为了自我价值、肯定和伟大的愿景而努力）
优点	专业化带来效率，规模化带来利润，责任明确（规模经济）	自上而下目标传递精准、自下而上信息不失真； 柔性组织、敏捷应对变化和客户需求； 一切管理为安全经营保驾护航（范围经济）
缺点	组织目标在执行层面的偏差：少数人服务客户、内卷、效率低下；监督成本过高； 虚假繁忙：为了存在而工作，一线躺平，企业竞争力丧失； 极致的管理给经营带来极致的伤害，越来越忙，越来越低效	数字化投入是个长期工程，在现有任期制、以短期经营目标为主要考核指标的体制下，对组织来说是一场挑战

四、知识中台和 AI 员工将成为必然

放眼担保行业、其他金融业态、机关、事业单位等，凡是以脑力劳动和知识经验体系为核心技能的组织，在数字化、智能化转型中都存在着相似的问题。

一方面，以制度、规章和政策等构成的知识体系，其工作标准化不足，即大量非结构性数据的处理、存储和复用困难，知识价值难以持续迭代。

另一方面，高度依赖个人的态度、能力和经验，随之产生一系列问题，常年重复性工作引发职业倦怠，个人经验和态度带来效果的巨大差异（质量、误差），以培训和传帮带方式的组织知识扩散方式缺乏品控标准，缺乏对员工缄默知识的沉淀（决策主体是权力，而非经验），更缺乏构建知识图谱的技术手段。

有鉴于此，即便组织拥有完备的知识体系和良好的组织文化，也会出现各种问题：跑快了，就跑不稳、规模大了，管理失控；风险比风控跑得快。这些问题的本质是在没有科技赋能下，人的有效管理存在边界。

然而，大模型的出现解决了人机对话问题，通过 NLP、提示学习、

知识图谱等技术，实现对文档解析、知识提取、内容生成、深度语义理解与关联分析，使得业务知识、制度、专家经验能够沉淀为组织的知识库，从而构建成规则可调取的知识图谱，形成“企业级能力复用平台”的知识中台，促进组织知识的共享、沉淀和复用，让内外部各个系统通过知识体系去调动数据，完成工作，将可标准化的工作与数字化劳动力相结合，建立“AI 员工队伍”。这样能将人从烦琐的流程性业务中解放出来，使人专注于更具价值的创造性工作。

五、训练好一个垂类大模型的探索

大语言模型（LLM）是使用大量文本数据训练的深度学习模型，知识图谱是以符号形式结构化地描述物理世界中的概念及相互关系，当知识图谱和 LLM 结合后，大模型可以通过人机交互创建和推理高质量知识，为知识图谱自动化提供了有效的解决方案。知识图谱作为高阶知识可以表示和生成思维链，提升大模型推理能力，能有效修正幻觉、让模型变得可控。因此，两者结合和协同使得复杂问题和商业应用有了可能性。LLM 与 KG 构建知识库的优缺点对比见表 10。

表 10 LLM 与 KG 构建知识库的优缺点对比

知识	构建	优点	缺点
LLM（隐形知识库）	连接主义：视觉、语言、实践、推理去构建知识；（大脑神经元及链接是一切智能活动的基础）	具备人类语言理解，解决人机对话； 不需要标注数据、泛化能力强； 知识来源广泛，多模态	大语言模型的知识缺乏有效质量控制，导致知识准确度缺乏严格保障； 无法准确回溯、无法验证其对错
KG（显形知识库、结构化高质量知识库）	符号主义：图模来表达人类认知的知识合聚；包括实体、属性和关系三元组；（物理符号系统是智能行为的充要条件）	一图胜千言，表达能力强； 结构化知识，需要大量抽取和融合才能达到指标； 知识准确度高，有效修正模型幻觉，让模型变得更可控； 基于语义解析和图匹配，进行推理时，路径可溯源	无法理解自然语言，语义缺乏准确性和泛化能力； 需要标注数据，需要很多人工做复核； 绝大多数知识是百科，知识覆盖面窄，语料少

当下的“百模大战”[①] 快速改变着各行各业，对职业能力和行业产生革命性的变化，就如同当年财务软件替代“打算盘”的能力一样。可以预见，2024 年一定是各行各业大模型落地的元年。基于以上判断，北京再担保公司已经进入覆盖前中后台全员提炼知识库、专家经验以及行业大模型的训练中。行业大模型的主要关注内容见表 11。

表 11　行业大模型的主要关注内容

项目	关注
硬件算力（大算力）	基础大模型需要 1000+GPU（数万亿参数）； 指令微调需要 1-100 GPU（数百亿参数）； 应用训练 1-100 GPU（十万级参数）；
良好性能的基座大模型	（1）MetaAI 开源的 OPT - Open Pre-trained Transformer 模型； （2）Google 开源的 Flan-T5 系列； （3）BigScience 开源的 BLOOM 大模型； （4）复旦大学的 MOSS 系列； （5）MetaAI 最著名的开源模型 LLaMA； （6）LAION AI 开源的 OpenAssistant-LLaMA； （7）LM-SyS 开源的 vicuna 系列； （8）Databricks 开源的 Dolly； （9）多模态大模型 MiniGPT-4； （10）StabilityAI 发布的 StableLM 和 StableVicuna； （11）开源可商用的 MPT 系列； （12）清华大学的 ChatGLM-6B 和 VisualGLM-6B； （13）基于 RNN 架构的 RWKV-4-Raven-14B； 其中 8 家获批的上线大模型如下。 五家北京企业机构：百度（文心一言）、抖音（云雀大模型）、智谱 AI（GLM 大模型）、中科院（紫东太初大模型）、百川智能（百川大模型）。 三家上海企业机构：商汤（日日新大模型）、MiniMax（ABAB 大模型）、上海人工智能实验室（书生通用大模型）
对行业知识的深度理解	形成轻量化语义知识图谱（含知识库，以及专家经验形成的专家系统）
大量行业数据（大数据）	（1）扎实的数据沉淀、数据治理以及与外部数据的打通； （2）高质量的语料，包括过去的报告、经验、样稿

① 百模大战：指称各类“大规模深度学习模型”在应用领域竞相发展的态势。

续表

项目	关注
算法	算法是指计算机为实现某个目标而遵循的一系列规则。从应用的角度，算法是为了解决某个问题或达成某个目标，制定一系列业务及管理规则，用于指导计算机分析海量数据，判断和分析结果，从而有助于用户做出行动决策，根据不同情况，触发不同的业务及管理行为
靠谱的落地场景	产品设计，找好落地场景

六、数字化、智能化转型中的建议

近期，基于与全国各地的担保同行在交流中所获的感想，笔者对行业数字化、智能化转型有如下几点建议。

第一，信息化、数字化和智能化有着本质的区别，投入和难度存在天壤之别。信息化是科技部门的工作，数字化是一把手工程，智能化是全员知识体系的沉淀和复用。数字化和智能化转型已经是企业未来命运的一部分。

第二，数字化的根和脉是连接。纵向打通组织层级，横向拉通职能条线，深度连接业务管理，把零零散散的数据单点、数据孤岛连接起来，改变过去的业务割裂、组织割裂，准确、及时和全面的数据才能帮助企业降本增效。

第三，数字化系统和功能的成效取决于企业多年积累的业务功底。这些功底是对业务流程的深刻理解，对市场需求的精准把握以及对风险管理机制的熟练运用。然而，行业内许多机构聘请从来没有干过担保的科技公司或者科技人才开发系统，这些企业或个人浑然不知系统背后藏着的业务知识和经验积累，必然会在数字化转型过程中多走弯路，多花冤枉钱。

总之，一个行业数字化、智能化转型的基础是数据，但核心是行业自身规则、经验和由此形成的知识体系，以不同的规则去驱动数字化处理，将产生不同的效果。如果以一个错误的知识体系、价值观去驱动数据，那么，数字化背后的网络化、云计算以及叠加人工智能带来的谬误将呈几何倍数的复制，只会加速企业的衰退。北京再担保数智平台的核心不在于数据，更不在于大模型，而在于北京再担保公司过去十几年形成的知识体系和不变的初心，我们希望通过数字化转型的努力可以激发行业新的发展动力和活力，为推动行业高质量发展贡献力量。

后记
守正创新、向善共生，推动行业高质量发展

俞静[①]

我们“80后”这一代人习惯了在一个连续稳定的高增长经济环境中生活，即便经历过短暂下滑，也会认为那是周期性困难。2023年，大家都期待着经济、就业以及生活恢复到良好状态，希望市场蓬勃向上，就业稳步提升，全球化进程恢复。然而，伴随着经济增长放缓、消费乏力、房地产行业低迷、地方债务问题凸显等问题，我们在应对各种不确定性中艰难前行。同时，以ChatGPT为代表的AI技术的快速应用，对传统产业产生颠覆性影响。部分机构沿用旧有的运行机制、成功经验，已经不那么可靠和安全。

近年来，中国融资担保行业在政策红利下保持高速发展，然而焦虑依然在一些机构蔓延。快速增长的批量化业务，风险是否可控？推动以“总对总”为代表的批量化业务后，如何提高机构自身的专业性和客户黏性？银行在考核压力下业务不断下沉，加之数字化的加持，政府性融资担保机构的业务空间在哪里？在绝大多数机构尚未完成数字化转型的背景下，如何应对AI技术的冲击？在各级财政资金紧张的背景下，如何处理好政策性支出与自身可持续发展的关系也困扰着许多机构。这些问题在业内交流时被频繁提及。

---

① 作者为北京中小企业融资再担保有限公司党总支副书记、总经理。

带着对上述问题的思考，结合我们的实践和未来规划，笔者谈谈自身的理解和感受。

一、如何理解当下的外部环境

（一）“既要”、“又要”和“还要”的时代

在面对43号文和6号文提出的政策要求时，融资担保行业盛行一类表述，“既要体现政策性，又要满足股东利润考核”“既要快速上规模，又要控制风险”“既要执行尽职免责，又要应对各种关于代偿和补偿是资产损失的质疑”等。同业间提起“既要”、“又要”和“还要”时几乎都是默契苦笑。

伴随着复杂多变的外部环境和各种不确定因素带来的风险，既要”、“又要”和“还要”几乎是所有企业不得不面对的多维度挑战。

第一，既要解决当下生存难题，应对好任期内考核，又要着眼长期发展，为未来谋划、投资和积蓄力量（当然任期安排和短期考核已经导致许多机构无法顾及长远规划）。

第二，既要保持生存所必要的规模，又要防控不可承受的风险，统筹好发展与安全的问题。

第三，既要降费让利，又要提供更高品质的产品和服务。

融担行业还面临一些新的困境：既要推动批量化业务上规模，又要考虑给予年轻人线下尽职调查的机会，为行业培养人才，预防行业整体专业能力的退化；既想要快速上规模，又希望坚守普惠金融的初心，保持服务的温度，发挥融资担保属地化、个性化、灵活度高等优势，提高客户黏性。多种因素和多个维度的要求常常让我们变得无所适从和充满焦虑。

（二）良币驱逐劣币的时代

过去三十多年，企业和融资担保机构享受着中国改革开放以及全球化发展带来的红利。多数企业不断成长甚至上市，以土地和房屋为核心的资产价值在持续上升。担保的企业无论第一还款来源，还是第二还款来源都有保障。在名义负债率不变的情况下，企业真实的负债率在下降。可以说，许多知名机构的成功经验和范式，如小中大一体化经营、投贷联动、多种金融方式组合等，某种程度上都是“时代红利”，而并非行业普遍可遵循的规律。

近几年，许多小微企业自身找不到增长点，并不是有融资就能扩大经营规模，增长利润，相应的资产价值也在下降。加之资本市场的问题，许多靠讲故事、搞噱头的风口企业股权融资困难重重，不靠利润和经营性现金流支撑、不靠自身产品价值增长的企业纷纷倒下。突然间，担保的企业的第一还款来源和第二还款来源都面临重大不确定性。但许多机构没有做好相应的调整，依然在旧有范式下去“努力”，把“时代红利”或“政策红利”下积累的宝贵准备金，用自己的“努力”和“真实的能力”代偿了出去。

连续观察和认真反思这个行业若干年，我们会发现和体会到：只有规范经营、回归业务本源，才能持久生存；宣传花哨或故弄玄虚，不如本分创新和勤奋经营。企业终究是靠价值观、愿景、文化和不断创新才能持续发展。只有真正践行习近平总书记提出的“诚实守信、以义取利、稳健审慎、守正创新和依法合规”的企业，才能走得长，走得远！

二、如何理解融资担保行业的高质量发展

（一）央地三级体系联动：勤修内功，提升行业自身价值

国家融资担保基金成立后，迅速在全国推广以“银担分险”和“代

偿上限封顶”为核心思想的“总对总”业务。这些举措使得中国的政府性融资担保行业在控制系统性风险的前提下实现了高速发展。近年来，各地政府性融资担保机构为稳定经济和就业承担了历史责任。

当下的做法从某种意义上看改变了中国政府性融资担保行业发展的底层逻辑。第一，对银行的风险缓释由过去的连带责任调整为可计量的公共财政预算支出，更加回归行业政策属性本源。第二，改变了担保机构单打独斗的局面，发挥了三级财政联动共同为小微企业融资分散风险的作用。第三，高位推动使得银担分险成为行业模式的主流。

然而，高速发展的背后依然面临着进一步完善机制和高质量发展问题。结合多年来的业务实践和同业观察，笔者谈几点不成熟的思考。

一是回归本源，提升或优化小微企业融资。提升首贷担保比例，真正解决那些尚未被覆盖的小微企业融资难问题，而非行政干预下的银行存量贷款搬家。或者进一步优化存量小微企业的融资。例如，许多小微企业的融资表面成本很低，但是背后还有许多中介和形式各异的助贷，融资成本实则很高。又如，一些不是政策热点行业的小微企业，依然没有合适的产品和考核机制去覆盖其融资需求。

二是充分调动属地积极性，发挥省市机构属地化和灵活性特征。行业的发展既需要以“国担总对总”为代表的“中央厨房预制菜”，也需要以 “地方总对总”为代表的“地方厨房预制菜”，只有批量化、标准化才能保障行业存在所需要的规模。同时，我们也需要保留线下尽职调查模式的“传统烹饪旗舰店”。贴近客户、回归担保服务和风控本源才能真正提升从业人员的专业能力。各地融资担保机构只有从被动转化为主动，进行产品设计，才能彰显融资担保行业属地化、灵活性的特征。在这方面，北京市农业融资担保有限公司的做法值得同业机构学习。他们基于特定产业、特定场景，主动由个性化产品逐步过渡到标准化产品，由若干个细分领域的小规模批量产品过渡到大规模批量化产品。

三是为合作银行赋能，才能真正控制风险。以银行操作为主、担保机构无实质审核的批量化业务模式，其本质是通过法律合同的设计来控制风险。然而到了银行基层，在各项指标压力下，业务经理出于自我保护，一定会把满足产品条件且风险相对较高的业务提交担保机构备案，顶格使用赔付上限。

2023 年，我们尝试大规模获取无贷款的小微企业名单，通过大数据排黑，充分利用我们多年在一线对各行各业资金需求特征的理解，根据已有数据设定不同模型去计算建议贷款额度，生成白名单。然后，运用人工智能技术去主动触客、征求有效的小微融资需求，再推荐给银行。在全方位为银行赋能的前提下，我们通过自身微观努力，以市场化方式突破了北京银担分险阻力重重的格局，推动了银担分险业务的落地，银行和担保双方均实现了风险可控和互利共赢。

四是构建批量化业务后端处置的顶层设计。批量化业务一旦代偿，单笔小、立案难、追偿成本高，“总对总”模式下资金路径与三级风险分割模式的创新性都给后端司法处置带来了障碍。同时，困扰行业多年的核销问题依然没有解决。这些都需要三级联动和高位推动，从顶层设计上做到逻辑自洽，而非在实践中各条线的政策相互打架。

无论是企业还是行业，影响其可持续发展的最核心要素既不是技术，也不是资金，而是是否真的对社会、对客户有价值，回到这个生态中的相关方本身去设计产品和服务。强制或者干预带来的业务终将被时代的进步淹没。

（二）守正创新：以科技为器、以经营为本

数字化和人工智能技术的进步本质上改变了很多行业的作业模式，

对企业的人才结构和组织架构都提出了新的要求。

在这一轮冲击中，我们看到两种不同的观点：第一种观点认为数字化、智能化转型没有必要，降本增效作用未知，还要增加短期成本支出；大模型是雕虫小技，华而不实。第二种观点是另一个极端——唯技术论，抛掉组织过去所有的经验，认为传统模式下的经验都过时了。最典型的是，当下一些金融机构想从科技公司或者同行那里买个风控模型，买个评分，以此替代组织内部积累多年的经验和知识。

守正创新首先是守正。如果普惠金融机构自身对小微企业融资需求特征不了解，如何控制风险存在严重偏差，如何去创新？数字化转型的基础是自己对客户的理解和服务，是根据大数据和智能化技术去优化内部流程，与时俱进地调整那些僵化的、形式主义的合规制度。大数据好比原材料，AI好比调取数据的工具，调取的逻辑是建立在组织的规章制度以及多年积累的行业知识库的基础之上。如果不以经营为本，自身传统业务都做不好，数智化确实是奇技淫巧。

仅仅坚持守正，不拥抱创新也是不行的。在经济下行的背景下，既要提供高品质的服务，又要降费让利，这已经迫使我们不得不改变。维护好存量客户、开发新客户，几乎成为所有机构的难题。如果我们还是按照旧有范式——分散获客、线下尽职调查、层层报批，满足内部各种僵化的制度要求，还需要说服那些从未在一线实践过的管理者，我们必然会被淘汰。我们讨论高质量发展，核心是不断塑造、变化和超越自己。大数据在某种程度上批量化解决了风险不可控、不可计量的问题，人工智能的应用则大大降低了小微业务的操作成本，大幅提高了组织管理的精准度。

融资担保行业守正创新的本质是守住经营本质，守住服务小微企业的初心；通过数字化的创新打破不以客户为核心的制度和组织文化，精准控制风险和降低成本。以科技为武器、以经营为本质，是新时代守正创新、高质量发展的唯一途径。

（三）稳健审慎：尊重规律和专业，不急功近利

许多机构开展业务基本是跟风式的，不考虑专业，不尊重规律。一看政策倡导支持某个行业，马上加大考核力度，一些分支机构以统一的模型“大干快上”。甚至为了对外宣传，不顾客户实际用款需求，逼着客户提款。从信贷风险控制角度看，行业分散、客户分散是风险控制的基本原则。多年的从业经验和一轮轮风险也提示我们：绝大多数风险由融资过度造成，在或业绩或政绩的要求下，无视规律和专业的考核才是风险产生的根本原因。

有的银行准入担保机构时，不去深入了解股东及其经营诉求、经营团队及其经营理念、资金分布以及在保资产质量。这样做容易陷入高风险，一旦合作出了问题，又全面退出合作；不去顾及存量资产、合作伙伴退出时的有序和安全。自己虽然是受害者，却也是始作俑者。

当政策频出，各种似是而非的宣传报道集中冲击时，一些机构急功近利、跟风盲从。因此，我们应尊重专业、尊重耐心、尊重风险，任何业务大规模开展前我们都要有前置性思考，要有风险底线思维，管理好在保资产的组合风险，这样才能实现新时代的高质量发展。

（四）诚实守信、以义取利：构建共赢的生态环境

在降费让利成为常态的行业环境中，担保与再担保、担保与银行如何分配收益、分担风险考验着每家机构的经营理念和诚信。在“既要”“又要”的年代，每家机构都面临多维度考核和可持续发展难题。

风险和利益面前要有底线思维，要诚实守信、以义取利。在这个利益共享与风险共担的生态系统中，机构之间是一个利益共同体，共同狙击风险的前提是双方都要活着。构建共赢的生态系统是数字化时代对机构提出的新要求。

三、守住初心才是高质量发展的内核

人因梦想而伟大。好的企业都因向善的价值观的驱动而成长。政府性融资担保行业之所以吸引那么多优秀人才加入，也在于此行业有助于解决社会就业、经济稳定，具备向善的价值观。

伴随着数字化、智能化技术的不断突破，我们以更加智能的方式，坚持向善共生的价值取向，勤修内功、守住初心、守正创新，推动行业真正走向高质量成长之路。

附录
相关的名词解释

1.《监管条例》，是指《融资担保公司监督管理条例》。

2.《暂行办法》，是指《融资性担保公司管理暂行办法》。

3. 43号文，是指《国务院关于促进融资担保行业加快发展的意见》（国发〔2015〕43号）。

4. 6号文，是指《国务院办公厅关于有效发挥政府性融资担保基金作用切实支持小微企业和“三农”发展的指导意见》（国办发〔2019〕6号）。

5. 政府性融资担保机构，是指依法设立，由政府及其授权机构出资并实际控股，以服务小微企业和“三农”主体为主要经营目标的融资担保机构。融资担保机构包括直接融资担保机构和融资再担保机构。

6. 融资再担保机构，是指主要经营融资再担保业务，为担保机构提供增信和分担风险的融资担保机构。

7. 担保业务，包括融资担保业务和非融资担保业务。从担保形式上可以划分为直接担保和再担保。

8. 融资担保，是指担保人为被担保人借款、发行债券等债务融资提供担保的行为。融资担保业务包括借款类担保业务、发行债券担保业务和其他融资担保业务。融资担保业务还可以划分为直接融资担保业务和融资再担保业务。

9. 非融资担保，是指除融资担保业务以外的其他担保业务，包含投标担保、工程履约担保和诉讼保全担保等。

10. 担保金额，是指担保合同金额，即按担保合同约定已由融资担保机构承担担保责任的金额。一般保证和连带责任保证所承担的担保责任均须计入担保金额。

11. 在保余额，也称担保余额，是指担保金额的时点数，即按担保合同约定已由融资担保机构承担担保责任的余额。期末在保余额为担保金额的期末数。

12. 担保代偿金额，是指融资担保机构按担保合同约定履行担保代偿责任已经支付的金额。

13. 担保代偿率，其计算公式：担保代偿率 = 统计期内累计担保代偿金额 / 统计期内累计解除的担保金额 ×100%。

14. 融资担保在保余额放大倍数，其计算公式：融资担保在保余额放大倍数 = 融资担保在保余额 /（净资产 − 对其他融资担保公司和再担保公司的股权投资）。

15. 拨备覆盖率，其计算公式：拨备覆盖率 = 担保准备金 / 担保代偿余额 ×100%。其中，担保准备金为未到期责任准备、担保赔偿准备与一般风险准备三项的期末余额之和。

16. 融资担保责任余额，是指各项融资担保业务在保余额，按照《关于印发〈融资担保公司监督管理条例〉四项配套制度的通知》(银保监发〔2018〕1 号)、《关于印发融资担保公司监督管理补充规定的通知》（银保监发〔2019〕37 号）等规定的对应权重加权之和。对于按比例分担风险的融资担保业务，融资担保责任余额按融资担保机构实际承担的比例计算。融资担保责任余额 = 借款类担保责任余额 + 发行债券担保责任余额 + 其他融资担保责任余额。

17. 关联方担保，是指融资担保机构为有关联关系的经济主体提供的担保。

18. 关联关系，是指公司控股股东、实际控制人、董事、监事、高级管理人员与其直接或者间接控制的企业之间的关系，以及可能导致公司利益转移的其他关系。但是，国家控股的企业之间不因为同受国家控股而具有关联关系。

19. 小微企业担保，是指融资担保机构为小型企业、微型企业、个体工商户以及小微企业主用于生产经营活动的融资提供的担保。小型企业、微型企业的划分标准按照《关于印发中小企业划型标准规定的通知》（工信部联企业〔2011〕300 号）的有关规定执行，以直接担保合同生效日为判定时点。

20. 农户，是指长期（一年以上）居住在乡镇（不包括城关镇）行政管理区域内的住户，还包括长期居住在城关镇所辖行政村范围内的住户和户口不在本地而在本地居住一年以上的住户、国有农场的职工和农村个体工商户。位于乡镇（不包括城关镇）行政管理区域内和在城关镇所辖行政村范围内的国有经济的机关、团体、学校、企事业单位的集体户；有本地户口，但举家外出谋生一年以上的住户，无论是否保留承包耕地均不属于农户。农户以户为统计单位，既可以从事农业生产经营，也可以从事非农业生产经营。

21. 农村个体工商户，是指长期（一年以上）居住在乡镇（不包括城关镇）行政管理区域内或者城关镇所辖行政村范围内，经法律或者相关部门核准领取了《营业执照》或《民办非企业单位（个人）登记证书》，从事工业、商业、建筑业、运输业、餐饮业、服务业等活动的农村住户和虽然没有领取相关证件，但有相对固定场所、实际从事生产经营活动三个月以上、外雇人员在 7 人以下的农村住户。

22. 新型农业经营主体，是指家庭农场、农民合作社、农业产业化龙头企业等。

23. 战略性新兴产业，是指《战略性新兴产业分类（2018）》（国家统计局令第23号）所列产业。

24. 贷款担保，是指融资担保机构为借款人从银行业金融机构获得贷款提供的担保。贷款包括贸易融资、票据融资、融资租赁、从非金融机构买入返售资产、透支、各项垫款等。

25. 担保户数，是指在统计时点融资担保机构有担保责任的被担保人的总户数。同一融资担保机构对同一被担保主体的多笔担保，统计时按一户计算。监督管理部门在统计时可将各融资担保机构的担保户数直接加总，无须剔除不同融资担保机构间的重复统计户数。

26. 货币资金，是指库存现金、银行存款、其他货币资金。银行存款包括商业银行结构性存款。

27. 存出保证金，是指融资担保机构与银行债权人协议约定，存入指定账户，在担保责任解除之前不得动用的专项资金。存出保证金不计入货币资金。

28. 应收代偿款，是指融资担保机构接受委托担保的项目，按担保合同约定到期后被担保人不能归还本息等相关费用时，融资担保机构代为履行责任支付的代偿款。

29. 其他应收款，是指融资担保机构对其他单位和个人的应收和暂付的款项。

30. 委托贷款，是指融资担保机构按规定委托金融机构向其他单位或个人贷出的款项。本项目应根据"委托贷款"科目的期末余额，减去"委托贷款损失准备"科目期末余额后的金额填列。

31. 借款，统计口径包括短期借款、长期借款和债券融资。短期借款反映融资担保机构向银行或其他金融机构借入的期限在1年期以下（含1

年）的各种借款。长期借款反映融资担保机构向银行或其他金融机构借入的期限在1年以上(不含1年)的各项借款。

32. 存入保证金，是指融资担保机构按合同规定收到的担保履约保证金以及再担保业务按协议规定收到的再担保保证金。

33. 未到期责任准备金，是指融资担保机构担保责任未解除时，为承担未到期责任而提取的准备金。

34. 担保赔偿准备金，是指融资担保机构按有关规定提取的担保赔偿准备金。

35. 实收资本，是指融资担保机构接受投资者投入融资担保机构的实收资本，统计口径不含融资担保机构收到投资者超过其在注册资本或股本中所占份额的部分。

36. 一般风险准备，是指融资担保机构按规定从净利润中提取的一般风险准备，用于弥补亏损的风险准备。

37. 担保业务收入，是指融资担保机构担保费收入、手续费收入、评审费收入、追偿收入和其他担保业务收入的金额合计。

38. 净利润，是指融资担保机构实现的净利润；如为净亏损，前加“—”号填列。由利润总额减所得税费用得出。